JN094256

達観するヒント

Hogen Natori

元結不動　密蔵院住職
名取芳彦

三笠書房

はじめに

人生は「苦」の連続です。

仕事のこと、人間関係のこと、将来のこと、健康のこと……。

焦ったり、落ち込んだり、イライラしたり。

世の中には、思い通りにいかないことがたくさんあります。

そんなときは、このことを思い出してください。

「人生は無常である」

このシンプルな考え方で、すべてがうまくいきます。

これは、仏教でいうところの「**無常の法則**」と呼ばれるものです。

僧侶としてさまざまな方の相談を聞いていると、意外にもこのことを理解していない人が多いことに気づきます。詳しくは本文で解説していますが、この「無常」という考え方は、「**変わらないものなど、何一つない**」というこの世の真理を表わしています。

このことを深く理解すると、余計な不安や心配にふり回されることなく、もっと気楽に、おだやかに、そして賢く生きていくことができるようになります。まさに「達観」することができるのです。

たとえば人間関係。「無常の法則」を心得ている人は、どんな関係も「いつかは終わる」ということを知っているので、悪い関係については悩まず、いい関係には、一期一会の精神で目の前の人を大切にすることができます。いい意味で、〝ドライ〟で気持ちのいい人間関係を築くことができるのです。

また、仕事の面で行き詰まっていたことが、「無常」を意識することで、急にうまく回り出すこともあります。一つのやり方や成功体験に固執せず、イレギュラーなことが起きても、臨機応変に対応できるようになるからです。

他にも、「お金」に心を乱されない、「常識」に縛られない、「老い」を上手に受け入れながら前向きに生きられるようになるなど、「変化の時代」「予測不能の時代」と呼ばれる現代において、「無常の法則」を理解するメリットは計り知れません。

「無常」を受け入れ、「変化」をポジティブなものとしてとらえること。そんな「達観」した生き方が、現代人には必要なのです。

本書では、「無常」という仏教の知恵を土台に、みなさんが少しでも今より気楽に、心おだやかに、そして賢く生きていくためのヒントを書き記しました。

「なるほど、そういうことか」「言われてみればそうだよな」と、一つでも二つでも納得していただけるなら筆者冥利に尽きます。

合　掌

元結不動　密蔵院住職
名取芳彦

目次

1章 人生に迷ったら

2章 人間関係に悩んだら

3章

仕事で困ったら

4章 生活が不安なら

5章

老いを感じたら

本文デザイン／島内泰弘デザイン室
本文ＤＴＰ／株式会社ＳｕｎＦｕｅｒｚａ

1 章

人生に迷ったら

1

変わらないものなど何一つない

変化を受け入れる

「無常」を忘れたとき、心が乱れる

『平家物語』の冒頭のフレーズとして有名な「諸行無常」。これは、仏教が説く「もろもろの作られたものは同じ状態を保たない」という事実を表わす言葉です。

すべての物事は、さまざまな縁（条件）が寄り集まった結果として生じます。集まってくる縁は、加わったりなくなったりして次々に変化するので、その影響を受けて結果も次々に変わります。

体を動かすのが縁になって空腹になり、空腹を縁にして食欲が生まれます。そこに過労や心労による消化器系不調の縁が加わると、食欲不振という結果になります。さらに、親のやさしさという縁が加わると、実家からレトルトのお粥（かゆ）が届いたりします。

このように、縁の変化にともなって結果が変わるのは至極当然のこと。にもかかわらず仏教が「諸行無常」を説きつづけるのは、こうした「変わらないものは何一つない」という事実を私たちが忘れ、変化に対して心が乱れることが多いからでしょう。

もし同じ状態がつづくのを望むなら、集まってくる縁に対して次々に手を打たなければなりません。それができないなら、変化を楽しむ心を持っていましょう。

2

「矛盾」を当たり前として生きる

そのほうが、ずっと心がラクになる

こんな「思い込み」は捨てること

社会心理学者のメルビン・ラーナーが一九六〇年代に発表した理論に「公正世界仮説」があります。「世界は、良いことをすれば良い報いがあり、悪いことをすれば悪い報いがある」という思い込みのことです。

努力すれば明るい未来が開けるという思い込みは、受験勉強や自己投資など、前向きな生き方の原動力になります。

しかし、公正世界仮説を無条件に信じていると、難病になったのは本人（あるいは先祖）が何か悪いことをしたからという理論が成り立ってしまいます。他にも、新型コロナ感染症のパンデミックを、人類の自然破壊や「正しい教え」に従わない報いと説明するカルト教団の言い分も通ってしまうなど、危険な面もあります。

世の中の矛盾についても、「矛盾があるのはおかしい」と信じて疑わない人がいます。しかし、「人はかならず死んじゃうのに、どうして生まれるの」といった子どもが抱く素朴な疑問を始めとして、この世には矛盾が佃煮（つくだに）にできるほどあります。それを当たり前のこととしてとらえ、楽しんだほうが、ずっと心軽く生きていけます。

3

幸も、不幸も、あって当たり前

すべては「あなたの都合」しだい

「あの人は幸せそうでいいなぁ」と思ったら——

私たちにネガティブやマイナスの感情が起きるのは、自分の都合通りになっていないときです。「苦＝自分の都合通りにならないこと」は仏教以前のインド哲学で解明された定義ですが、いつの世にも通じる真理でしょう。

言いかえれば、私たちは自分の都合通りになってさえいれば幸せで、不幸を感じるのは自分の都合通りになっていないから、ということになります。ですから、自分に都合（願い）がある限り、幸も不幸もあるのは当たり前なのです。

「あの人は幸せそうでいいなぁ」と、うらやましがっている場合ではありません。幸せかどうかは本人が決める問題で、他人が決めるものではないからです。〝あの人〟は〝あの人の願い通りになっている〟から幸せそうなのか、単にあなたの価値観に合わせると幸せそうなのかをチェックする余裕は持っていたいものです。

自分の都合が自分の努力で実現可能なら努力すればいいのです。しかし、自分の努力だけではどうにもならないと思うなら、自分の都合を少なくするよう努めるしか、幸せになる方法はないでしょう。

4

「あきらめる」と、人生は驚くほど好転する

どんな物事にも、その「覚悟」を持つ

「あきらめる」とは、「明らかにする」こと

何かを諦めるのは不甲斐ない、情けないと思っているなら、それは間違いです。「あきらめる」を辞書で引くと、最初に【明らめる】と出てきます。意味は①明るくさせる②事情などをはっきりさせる。次が【諦める】で、（「明らめる」の②の意から）思いきる。仕方がないと断念したり、悪い状況を受け入れたりするという意味。

ですから、断念するという意味の「諦める」には、朝に明るくなって景色がはっきりするように、事情をはっきりさせた上で思いきる覚悟が必要です。「諦」は「つまびらかにする、明らかにすること。仏教語では真理。また、真理をさとる」という意味で、マイナスの意味は微塵もありません。

このように、事実関係や事情を明らかにした上で諦めるなら、むしろそれは理に適っているのです。途中で嫌になったから、人から言われたからやめるなど、事の真相を明らかにしないまま投げ出すのならともかく、「こういう事情だから、やめる」と納得して諦めるなら臆することはありません。「あきらめる覚悟」を持って物事に向き合えるようになれば、人生は驚くほど好転していきます。

5

「ま、そんなものだ」で、心がラクになる

未知への不安を「スルーする」極意

心の〝風通し〟を良くしよう

新型コロナ感染症のパンデミックが始まったころ、世界中が大混乱になりました。今生きている誰もが経験したことのない前代未聞の事態だったからです。

私は檀家さんや講演会の参加者に「経験したことがないのですから、政府だって、私たちだって、右往左往するのは当たり前でしょう」と、何度もお伝えしました。前代未聞の事態への正しい対処法など誰もわからないという事実をまず受け入れて、冷静になっていただきたかったからです。

人は生まれてから自分にとって未知のことに次々に出合い、その対処法を少しずつ身につけていきます。そして既知の出来事が増えていくにしたがって、「ま、世の中はそんなものだ」と考えられるようになります。二十代では二十代の「ま、そんなものだ」があり、三十代では三十代での「ま、そんなものだ」をものにしていくのです。

あなたが前代未聞の事態に遭遇したとき、お年寄りに「これって、そういうものですか」と聞いてみてください。「そうさ」と答えるでしょう。多くの経験から「ま、そんなもんだ」とスルーする極意を学び、心の風通しを良くしていきましょう。

6

「こうあるべきだ」が多くありませんか？

〝マイ・ルール〟が自分を苦しめる

「こだわり」を捨てれば、心がおだやかになる

「こだわる」は、「他人からみればどうでもいい（きっぱり忘れるべきだ）と考えられることにとらわれて気にしつづける（『新明解国語辞典』）」という意味です。つまり、こだわるのは良くないこと、というのが一般的な考え方なのです。仏教も「こだわれば、心おだやかではいられない」と説いており、私もそう思います。

こだわりは、「こうあるべき」「こうすべき」という、いわばマイ・ルールです。ルールがあれば、人はそれを守らない人を許せません。許せなければ、心は乱れます。その意味で、仏教の分析は実に明解なのです。

こだわりから離れて心おだやかに暮らすには、物事がどうなっているのかを冷静に観察する必要があります。

自分がこだわっていることを何とも思っていない人は、何をどう考えているのか。その人たちの根拠は正当なのか。自分はなぜ、そのこだわりを持つようになったのか。

観察をもとに分析してみれば、自分のこだわりなんて大した問題ではないと思えることがたくさんあるものです。

7

人生は「どっちでもいい」ことだらけ

だから、悩むのは時間のムダ

「枝葉」に気を取られていませんか？

人間関係は、都合のぶつかり合いのようなものです。

愛着のある服を、私は「まだ着られる」と言い、妻は「ヨレヨレでおかしい」と言います。私は余計な争いを避けるために、妻の都合を優先して古い服を処分します。

都合のぶつかり合いは自分の中でも起きます。寝ないと明朝すっきり目が覚めない、しかし、まだやりたいことがある。お酒の席は楽しく過ごしたいが、どういうわけだかいつも礼に始まり乱で終わるなど、数え上げればきりがありません。

私たちは、自分の都合のうち何を選択するかによって、周囲に迷惑をかけることもあれば、周囲を幸せにすることもできます。

とはいえ、私たちの日常の多くは「どちらでもいい」ことだらけです。その選択がどんな結果につながるかは予知できないし、正解はあとにならないとわかりません。

食事は心身の健康を保つため、車は安全に走るためなど、木で言えば幹に当たる本質さえわかっていれば、枝葉末節は大した問題ではありません。

自分の都合というこだわりの枝葉から離れて、幹を大切にしましょう。

8

その「損得勘定」は、うまくいかない

さっぱり、すがすがしく生きる心得

こんな〝打算〟が、あなたを孤立させる

「損得」は経済で使われる用語です。

同じ商品なら安いお店で買うほうが得です。海外の観光地にある土産物店は、どこでも同じようなものを売っているので、なるべく安いところで買いますが、別のお店へ行くともっと安かった、という失敗をしたことがあるのは私だけではないでしょう。

あるときガイドさんに愚痴をこぼしてしまい、「自分は一番安く買ったと思えばいいんです。他のお店で同じ商品の値段なんか見てはだめです。観光地ってそういうものですよ」と諭され、妙に納得したのをおぼえています。

ところが、経済用語の損得を人生に当てはめてしまう人がいます。「PTAの役員なんか受けたら損だ」「人に親切にしても何の得にもならない」「あなたと結婚して損した」などは、巷(ちまた)でよく耳にする言葉です。

香りが徐々に物にしみ込むように、損得勘定を疑いもなく人生にしみ込ませていけば、待っているのは孤立です。損なら良いこともせず、得になるなら人を裏切ることも辞さない、そんな人は誰からも信用されず、相手にされなくなるのは自明の理です。

9

「過去に縛られる者は未来を失う」

（チャーチル）

あなたには「今」やるべきことがある

〝終わったこと〟に心を注がない

私たちは、時間を〝流れ〟として考えることがあります。そう考えるなら、過去はどこかへ流れ去ってしまったので、過去に縛られずにすむはずです。それなのに過去に縛られる人が多いのは、時間が積み重なっている感覚も持ち合わせているからでしょう（私は積み重なる感覚しかありません）。

自分の人生の頂点（現在）の下には、膨大な経験の積み重ねがあります。過去に縛られてしまう人は、下層に輝いていた時期や、逆に嫌なことがあるのでしょう。

昔は良かったと過去の栄光をふり返れば、現在の自分が惨めになります。惨めさに埋もれて、これから何をしたいか、何ができるかを考えられないので未来を失います。

嫌な思い出に縛られて、その出来事を現在の惨めさの原因にすれば、そこに安住することになるので、やはり未来を志向する気が起きません。

「あの栄光は、あれで素晴らしかった。しかし、今の私にはやることがある」「あんな嫌な思いは二度としないぞ」と割り切り、過去を踏み台にして、未来につづいている階段を上っていきたいものです。

10

良くも悪くも「明日は明日の風が吹く」

ときには「今日」を棚上げしよう

「明日できることは、今日するな」

「下手の考え休むに似たり」は、囲碁や将棋の世界で、下手な人がいくら長く考えても休んでいるのと変わりなく、何の効果もないことをいった言葉だそうです。

これと似たことを、元ニッポン放送の村上正行アナウンサーのワークで指摘されたことがありました。見て感じたことをすぐに言うワークでした。

「三歳の子どもが床に座って、画用紙に夢中で絵を描いています。クレヨンが画用紙からはみ出しても気にしません。それを見て、何と言いますか。名取さん!」

気の利いたことを言おうとして「えーと」と考えていると、東京下町育ちの村上さんらしい言葉が飛んできました。「あのね、悪い頭は使っちゃダメです」。

また、支援学級の先生をしている友人は、「〝今日できることを明日するな〟って言うけど、支援が必要な子どもたちには〝明日できることは今日しなくてもいいんだ〟と伝えることがしばしばある」と教えてくれました。

その日のことは棚上げにして、今日は悪い頭を使わず、明日の風に自分がどう対応するかを楽しみにする好奇心と勇気があれば、楽になることがたくさんあるものです。

11

生きて、死ぬだけ——人生に意味はない

だからこそ、〝自由〟でいられる

あなたの人生の「タイトル」は、なに？

心おだやかな人生を探求してきた仏教僧の私が「人生に意味はありません」と言えば、がっかりされるかもしれません。ただ、私が申し上げたいのは、あなたの人生は〝未意味〟（まだ意味が決定していない）ということです。もし人生に決まった意味があれば、それに合わせた生き方をしなくてはならず、とても窮屈でしょう。

それでも人は、「自分がここにいる意味」を問おうとします。人生の意味がわかれば、使命感に燃えて自信のある生き方ができるからです。多くの宗教は人生の意味をあらかじめ提示してきますが、特定の神を設定しない仏教は「決まった意味なんかない。それはあなた自身が作っていくのだ」とします。

それはまるで、一枚のキャンバスに絵を描いていくようなものです。一度描いたものは、消してなかったことにはできませんが、重ね塗りは何度でもできます。失敗の上に成功を重ねることも、裏切りに信頼を上書きすることも可能です。

あなたが描いている人生という絵に、あなたはどんなタイトルをつけますか。それがあなたの今現在の人生の意味です。そのタイトルは、これからも変わりつづけます。

12

「無常」がわかると思考がシンプルになる

世の中への対処法は、たったの二つ

「願い」を叶えたいのなら、こんなふうに考えてみる

本書のテーマは、この世のすべてのものは同じ状態を保たないという諸行無常です。これは、すべての物事をさまざまな縁が集まった結果とする〝縁起の法則〟が土台になっています。次々に集まる縁によって結果も変化するので、同じ状態を保てません。

私たちはこの縁起と無常の法則の中で、自分の都合や願いを実現しようとします。自分の都合通りにして願いを叶えるという結果を導き出すためには、さまざまな縁の中で、自分で集められる縁をできるだけ多く集めて待つしかありません。

一方、諸行無常の世の中で、同じ状態がつづくのを望むなら、入れ代わり立ち代わりする縁に対して、次々に手を打つことが必要になります。

美味しいお料理を食べる目的でシェフのお任せ料理を頼んだら、最初は餃子が出たのでビール、次にお刺身が来たので日本酒、次がチーズだったからワインという具合です（こんなお店には行きたくないですけどね）。

願いを叶えたいなら、そのための縁を集められるだけ集める。変化を望まないなら次々に手を打つ。こんなシンプルな思考で、無常に対応したいものです。

13

迷ったら「何もしない」のも正解

「決められるまで待つ」という解決法

「不動明王」のように生きてみたい

「決めないと動けない」は、私たちの行動原理です。思っているだけだったり、迷ったりしている間は動けません。食事でも「これを食べる」と決めないと迷い箸になります。一度決めてしまえば、あとは動くだけです。

仏教で、この行動原理を表わしているのが不動明王です。不動は「心を動かさない（決める）」の意味で、不動明王の躍動感のある姿は決めたあとの行動力を表わします。

ですから、一歩踏み出せずにモヤモヤしている人へは、「動けないのは仕方ないよ。だって、決めていないのだから」とアドバイスするのが適切でしょう。この一言だけで心のモヤモヤが晴れるケースは意外と多いのです。

私の場合、このあとに「決めてないから動けないのだから、〝決められるまで待とう〟と決めるのも一つの手ですよ」と加えることにしています。

同じことは、迷った場合でも通用します。どうするか決められずに迷ってモヤモヤするなら、「今は決められないからこの問題から一度撤退しよう。何もせずにおこう」と決めるのです。これも立派な解決法の一つ。待てば海路の日和があります。

14

「一度決めたこと」にこだわる必要はない

〝とりあえずやってみる〟で十分

「ゴールの位置」だって変化する

本を書くようになって初めて聞いた言葉に〝リスケ〟があります。書くのが大変だと担当編集者に愚痴をこぼしたら「リスケすればいいので、遠慮なく言ってください」と言われたのです。リ・スケジュールすれば（予定を変えれば）いいという意味です。

そんなことをすれば担当者に迷惑がかかると思いましたが、考えてみれば一度決めたことでも、諸行無常の原則によって途中でどんな縁が加わるかわかりません。私の場合、思ったペースで書けなかったという縁が加わったのです。

「決めたことは最後までしっかりやる」という責任感は大切ですが、自分で決めたゴールラインは修正が可能です。手前に引き直してもいいし、先に延ばすのも自分の自由なのです。本書の原稿は思いのほか筆が早く進んだので、編集者の仕事に余裕ができるように、予定より一カ月ほど早くお渡ししました。

ゴールの位置に固執せずに、とりあえずやってみて、どのあたりがゴールになりそうか予想する程度でも、物事は十分動き始めるものです。そのほうが、変化していく状況に対して柔軟に、そして幅広く対応できます。

15

「一時の感情」に流されてはいけない

欲望を〝野放し〟にするべからず

「わがまま」を飼いならせる人

一時の感情に流されて失敗したり、困り果てる結果になった事例は、古来、枚挙に暇(いとま)がありません。犯罪、浮気、生き物を飼うなどは卑近な例です。

一時の感情に流されるのは、「こうしたい」というわがままを野放しにするようなものです。

『遺教経(ゆいきょうぎょう)』は、わがままについて「蜜を探す人が蜂蜜ばかりに心が動けば、蜂蜜を取ることばかりに夢中になって、足元の深い穴に気づきません。わがままというのは、習慣性があって、なかなかおりません。檻(おり)から逃げて暴れ出す狂象や、木から木へと跳びうつる猿を捕まえるのは至難の技ですが、わがままを野放しにしたら、その害は象や猿の比ではなく、際限がありません。ですから、心のわがままを抑えることを後回しにしてはいけません」と述べているほどです。

どんな聖人にも感情はあります。ただ私たちと違うのは、感情を素早くコントロールする術を知っている点でしょう。感情に任せて行動して失敗した経験をもとに、コントロールできる喜怒哀楽の種類を少しずつ広げていきたいものです。

16

「本当の自分」なんて、いない

そんなものは、ただの「幻想」です

人生は、眼前の砂山を一歩ずつ登るしかない

今の自分は本当の自分ではない気がする――と、まるで自分の都合通りになる別の人生があるように思い、現実に背を向けようとする人がいます。あるいは、一つのことに取り組んで成功をおさめたのに、ふと「これが本当に自分のやりたかったことなのか」と疑問に思うこともあります。

いずれも、揺るぎない「本当の自分」や、真に求めている変わることのないものがどこかにあるという思いが前提になっています。

しかし、現在のあなたの心が次々に上書きされ変化してきたように、ある時点の「本当の私」「本当に求めていたもの」という確信も、蜃気楼（しんきろう）のように揺らぎ、変化します。

本当の自分がないわけではありませんし、本当に自分がやりたいことがないわけでもないでしょう。しかし、それを見つけてみると、また別の世界が見えてきます。

砂漠の砂山の向こうに何があるか知りたくて登れば、その先にオアシスがあるかもしれません。あるいは、延々と砂漠がつづいているかもしれません。それを確かめるには、本当の自分など探し回らずに、眼前の砂山を一歩ずつ登るしかないでしょう。

17

「特別な人生」なんて、ない

あくまでそれは「結果」にすぎない

あなたの人生は、すでに「特別」である

「注目されたいという願いほど平凡なものはない」は、アメリカの作家、医師のオリバー・ホームズの言葉だそうです。有名人や資産家などの特別な人間になって、他の人と違う人生を送りたいと願っている人がこの言葉を聞いたら、「特別な人になりたいと願っている私が、一番平凡なのか……」とガッカリするかもしれません。

もし特別な人生があるとしたら、それは「特別な人生」を望んだ結果ではなく、自分のやりたいことを精一杯やり、そこに〝特別〟になるためのさまざまな縁が集まった結果でしょう。やるべきことをしないで特別な人生ばかりを望んでも、絵に描いた餅にすぎません。

〝特別〟とは「普通一般とはちがうこと。特に区別されるもの」(『広辞苑』)ですが、普通のように見えても、それぞれ個性があるので、ある意味でみんなが特別ですし、どんな人の人生も特別です。仏教では仏が備えている知恵の一つとして、同じように見えても相違点を見抜く妙観察智(みょうかんざっち)をあげます。自分はすでに、他の人とは違った特別な存在だと気づけば、特別な人生なんて探し回らずにすむのです。

18

死ぬときはみな〝丸裸〟

だから、懸命に生きる

私の「座右の銘」

父は肝臓がんと共に晩年を過ごしました。あるとき、色紙に「どうせあの世へ帰る身ならば、せめてこの世に生きているうちは、命をかけてがんばり尽くそう。誰が知ろうと知るまいと」と書いたことがありました。つらい治療をつづけたとしても、いつかこの世と別れるという思いが、「どうせ」に込められている気がします。

私は「どうせ……」と言うことに抵抗感があります。やってみないとわからないのに、こうなるだろうと勝手に推測して開き直る生き方はもったいないと思うからです。そこから「『どうせ』は心の赤信号」という言葉を座右の銘にしています。

生きていれば先に死が待っているのは明らかです（死が近づいてくるのではなく、私たちのほうから死に近づいていきます）。避けられない死を考えたとき、父の言葉のように、それまでをどのように生きるかを真剣に考えるようになるのでしょう。

仏教には「蛇が水を飲むと毒液になり、牛が水を飲むとミルクになる」という譬え(たと)があります。死ぬときはみんな丸裸。地位も肩書も財産も、何も持っていけません。せめて、誰が知ろうと知るまいと、出合う出来事をミルクにしていきたいものです。

2章

人間関係に悩んだら

19

会者定離——まずこれを深く理解する

どんな人とも、いつかは別れる

仏教の〝真髄〟

四苦八苦は仏教の教えを土台にした言葉です。四苦は生・老・病・死の四つ。私たちが避けて通れないもの、私たちの都合通りにならないものの四天王です。

これに「あるある」の四つの苦が加わって全部で八苦になります。愛する者と別れなければならない愛別離苦、嫌な人と会わなければならない怨憎会苦、求めても得られない求不得苦、体と心を持っているゆえの五蘊盛苦です。

これとは別に、世の中を貫く無常のあり方として、生者必滅（生あるものは必ず終わりがあって滅する）と、その対句で使われる会者定離（会うものは必ず離れる）があります。

いつか別れる、離ればなれになるのを念頭に入れて好きな人と一緒にいるのは難しいでしょう。しかし、それを少し意識すれば、一緒にいる時間と空間を大切にしたくなるものです。

これは、一緒にいたくない人にも応用できます。「こんな人といつまで一緒にいなければならないのか」と思ったら、「まっ、会者定離だ」と思って我慢しましょう。

20

悪い人間関係は「いつか終わる」

あなたも相手もかならず「変化」する

苦手な人と距離を置きたければ――

諸行無常の〝諸行〟は、もろもろの作られたものという意味。この中には、悪い人間関係なども入ります。それらが〝無常〟（常ではない、変化する）の理由は、どんなことでも集まる縁（条件）が次々に加わったり、入れ代わったりするからです。

人間関係には、関わりのある人が持っているそれぞれの縁があります。それらの縁が目まぐるしく変わるので、それにともない関係性も変わっていきます。

苦手な人と距離を置きたければ、あなたが熱心に何かに取り組むという縁を加えればいいのです。そうすれば、「今、忙しいから」と、無理にそっけない態度を取らなくても相手は離れていきます。相手が気に障るような言動をするなら、その理由を理解しようとする縁を加えれば、敵愾心（てきがいしん）は薄まるでしょう。

悪い関係を早く終わらせたければ、関係改善の縁を含めて、あなたがその縁を作るのが一番ですが、相手にも変化が起きます。相手の心境を変化させる出来事が起こったり、相手が配置転換になるかもしれません。ひょっとするとあの世に引っ越しして、関係に終止符が打たれることだってあるのです。悪い関係もいつか終わります。

21

いい人間関係も「いつか終わる」

精神的自立のすすめ

「あなたがいなくても、私は大丈夫」

四十代の女性から、「母が死んだら、愛犬が死んだらと考えると、そこから思考が抜け出せない」と相談されたことがあります。彼女は、「いい関係もいつか終わる」ということを知っているのです。そして、その際に自分が対処できないのではないか、ということが不安で仕方ないようでした。

正直、「〜になったらどうしよう」とおびえてばかりいるのは、時間の無駄です。私は彼女に、「〜になったら、こうしよう」と具体的な解決策を考えておくほうがいい、とアドバイスしました。

ペットとの関係は言うに及ばず、強い関係性は互いが依存していることが多いので、片方がいなくなれば不安になるのは当然です。その不安を除くには、いい関係が消失する前に「あなたがいなくても、私は大丈夫」と、精神的に自立する必要があります。

いい関係のおかげで自分は人間的に成長できた、楽しかった、心がおだやかになった、などの気づきを何度も上書きしていくのが自立する一つの方法です。

自分が受けたいい影響を時々確認し、アップデートしながら自立していきましょう。

22

人の評価なんてあっというまに変わる

その基準は「十人十色」

他人の評価に「一喜一憂」しないこと

自分についての悪い噂(うわさ)が聞こえてきて、「そんなふうに思われていたなんて、ショック！」と心乱れることがあります。

人は他人の一面を見てその人を評価します。「あの人は自分に正直な人だ」と言う人もいれば、「自分には正直だけど、他人に対しては不誠実だ」と分析する人もいます。「仕事はできるけど、あいつは酒飲みだ」と言う人もいれば、「無類の酒好きだが、仕事はできる」と評する人もいます。

この事実をもとに、私は「自分のたった一つの側面を切り取ってどんな悪評が立とうか、二つ、三つ考えておくとショックが小さくてすみます」とお伝えしています。

一人の人間を評価する基準は数十にのぼるでしょう。十人いれば十通りの評価があってもおかしくありません。どの評価も基準によって変わります。そして、その基準も、評価する人がどのような生き方をしてきたかで変わります。

今、自分がされている評価にモヤモヤしているなら、憤慨するだけでなく、別の基準で評価してもらえるようにアピールするといいかもしれません。

23

「あいつは変わったよね」――そんなの当たり前

「以前と違う」のも、成長のうち

人は変わってしまう、そして変わることができる

以前と印象が違う人や、前と言っていることが違う人に出会うことがあります。

互いがしばらく離れていれば、相手もこちらも相応の人生経験を積みます。その経験を踏まえて、浅はかだった人が思慮深くなることもあります。「真面目も休み休み言ってくれ」と言いたくなるような堅物の角が取れて丸くなることもあるでしょう。

「私はこれからも、今までの自分だ。鯛は腐っても鯛だ」といくら豪語しても、同じでいることを許さない力（縁）が働くのです。

善し悪しは別にして〝相変わらずだ〟と言いたくなる人もいますが、人は変わります。変わってしまいますし、人は変われるのです。

以前と言っていることが違う場合もありますが、「前と言っていることが違うではないか」と声高に相手を責めても仕方がありません。以前と状況が変化して考えが変わるのは、ごく自然なことです（言っていることとやっていることが違うほうが、ずっと問題です）。

「変化は一つの進歩」、「変わるのも成長のうち」くらいに考えておきませんか。

24

「決めつける」のはやめたほうがいい

その「頑固さ」が、人生を窮屈にする

人間関係にも「但し書き」を

山田忠雄主幹の『新明解国語辞典』（三省堂）はユニークな解説で知られますが、中でも秀逸だと思うのは「こうぼく【公僕】」のそれです。第五版では、「権力を行使するのではなく」国民に奉仕する者としての公務員の称。「ただし実状は、理想とは程遠い」――とあります。「ただし」以降が、言葉を一つの定義で片づけない『新明解』の真骨頂で、編集者たちの遊び心や心の豊かさを感じます。

私たちが日常使っている言葉も、右の例で「ただし」以降の説明が加えられるように一つの枠にはおさまりません。まして、相手が人なら「あの人はこういう人」という決めつけは禁物でしょう。

誰かを「こういう人」と小さな枠に押し込めてしまうのは、その人を一つの側面だけで評価しているようなものです。その枠におさめてしまえば、その人が変化する可能性も見逃してしまうかもしれません。

それよりも「あの人は、今、こういうところがある」にしませんか。そうすれば、別の評価をしたり、受け入れたりする余裕ができて、人間関係にゆとりが生まれます。

25

みんな自分勝手だと思って間違いない

「自分のやり方」というアブナイ正義

人には「三つのやり方」がある

人には三つのやり方があるそうです。正しいやり方、間違ったやり方、そして自分のやり方です。面白い分け方だと思います。

この中で、正しいやり方と間違ったやり方は、あとになって結果が出ます。やる前も、やった時点でも、正しいか、間違っているかは判断できません。

やる前には「これが正しい」と予測しますが、小さな親切だと思ったことが大きなお世話だったと判明する場合もあります。小さな子どもには無理だと思って手を出したら、「自分でやりたかった！」と怒られることだってあるでしょう。

このように、正しいやり方も間違ったやり方も結果論でしかなく、その結果もあとになって引っくり返る可能性があります。つまり、とても不安定なのです。

となれば残りは、〝自分のやり方〟しかありません。

結局、あなたも私も、人はみんな、自分のやり方しかしていないのです。「そんなことはない。会社のやり方にしぶしぶ従っているのだ」とおっしゃる人も、「会社のやり方に従う」が自分のやり方なのです。その意味で、人はみんな自分勝手です。

26

「一期一会」という無常の法則

だから、もっと丁寧に、もっと謙虚に

「これが最初で最後かもしれない」と考えてみる

一期一会は、もともと茶道の世界で使われる言葉。亭主と客が過ごす茶席の時間を一生に一度のことと思って大切にするという意味です。

一度出会った二人が次に出会っても、前回別れてから時間が経過し、それぞれ経験を積んでいるので、考え方も言動も変化します。その中で、毎回を一期一会の出会いと感じれば、その時間がいとおしく、かけがえのないものになります。

仕事に追われ、家族と過ごせない人に「もっと丁寧に生きたい」と言われたことがありました。その方法を考えた結果、〝いとおしさ〟と〝かけがえのなさ〟を感じないと丁寧に生きられないという、一期一会の精神と同じ結論にたどり着きました。

「最初だと思えば謙虚になる。最後だと思えば丁寧になる」という言葉があります。最初と最後を一緒にして、「これが最初で最後かもしれない」と思えば一期一会の精神に適い、謙虚で丁寧な生き方ができるでしょう。

静かな茶席でもなければ一期一会を思うのは難しいでしょうが、丁寧に生きるために、いとおしさやかけがえのなさに気づく回数を、少しずつ増やしたいものですね。

27

「勝手に期待して、勝手に裏切られる」人

〝相手の事情〟だって変化する

あなたは「裏切られる覚悟」を持っているか

「親友だから誰にも言わないだろうと思って話したのに、それを別の人に言っていたのを知って裏切られた気がして、とてもショックだった」と訴える女性がいました。

私は「『親友は打ち明け話を他言してはいけない』。それがあなたの親友の定義なら、その人は親友ではなかったのです。裏切られたことより、勝手に親友だと思い込んでいた自分の人を見る目のなさにショックを受けたほうがいいかもしれません」と少し突き放した言い方をしました。

彼女は「でも、人って裏切ってはいけないでしょ」と食い下がります。人は信頼関係で成り立っているのだから裏切ってはいけないと、真っすぐに信じている彼女はとてもいい人です。友達にするならこういう人がいいと思います。私もかつては彼女のように信じていました。

しかし、人は裏切ります。それも意外と簡単に。相手には裏切った意識がないこともあれば、仕方なく裏切る場合もあります。相手の事情が変化したのですから仕方ありません。信頼に応えるのは大切ですが、人は裏切る——私はそう覚悟しています。

28

「去る者を追わず、来る者を拒まず」がいい

人間関係を柔軟に構築するヒント

「いい人」になろうなんて、思わなくていい

私たちは一生の間に何人の人と出会い、そのうちの何人と、長短の差はあれ付き合うことになるのでしょう。

私が直接会って「お久しぶりです」と挨拶する人は、かつて同じ時間と空間を共有した五百人ほどでしょうか。互いの近況が気になる間柄と言っていいでしょう。

そこまでの付き合いでない人の数は、その数十、数百倍にのぼるでしょう。それらの人と濃厚な関係を保ちつづけるのは、物理的に不可能です。ほとんどの関係は自然消滅していきます。

僧侶として「去る者追わず、来る者拒まず」というスタンスで暮らしていますが、SNSの登場でこのやり方が揺らいできました。トモダチ申請が来ても、相手に五百人以上トモダチがいる場合は「私は義理堅いので、これ以上トモダチを増やしても、その人たちの記事を読めないのでお断りします」と来る者を拒むようになったのです。

情の厚い「いい人」になろうなんて、思わなくてもいいのです。どんな人間関係でも無常（変化）を少し意識して、柔軟に対応したいものです。

29

「ご縁があればまた会いましょう」

不確実な「出会い」に感謝する

『清水次郎長伝』の粋なセリフ

私が好きな浪曲の一つに『清水次郎長伝』があります。この話に登場する次郎長の子分の一人が、遠州森町の石松、通称〝森の石松〟です。「素面のときはいいけれど、酒を飲めば虎狼」と形容されますが、どこか憎めない人物設定です。

悪代官を斬った次郎長の刀を讃岐金比羅山へおさめた帰り、大坂八軒屋から伏見へ上る淀川の船上で乗客と交わされる「江戸っ子だってねぇ」「神田の生まれよ」や「呑みねぇ、呑みねぇ、寿司を食いねぇ」といった会話は有名なクダリです。

この石松が旅をして街道沿いの名だたる親分のところで一宿一飯の恩義にあずかって出発するときの挨拶が「お世話になりました。ではまた、縁と命があったらお目にかかります」です。粋なセリフだと思い、講演会の最後などに私も使っています（言われたほうは一様に困惑します）。

私たちは縁と命がないと誰にもめぐり会えません。そして、出会った人と次に縁がつながるのがいつなのか、命がいつまであるかはわかりません。そのような不確実な条件の上で出会っていることを、それぞれの出会いの場でふと感じられたら粋ですね。

30

あの人はとっくに、あなたのことを忘れています

とにかく、今ある「ご縁」を大切に

過去に支配されない生き方

多くの出会いの中に、印象が強く残っている人がいるものです。元カレや元カノはいうに及ばず、嫌な目にあわされて憎んでいる人もいるかもしれません。

しかし、過去の出来事を記憶の糸でつなぎ止め、手繰り寄せようとするのは、過去に支配されているようなもので、自由であるはずの現在や未来の選択肢が限定されます。せっかく三歩進んだのに〝あの時のあの人〟によって、二歩引き戻されるのです。

好きだった人も、嫌な人も、しばらく会わず連絡を取らなければ、あなたと同じように、その間に相手にも多くの出会いがあります。あなたに関する記憶は、それらの新しい出会いの中に埋没していきます。

相手があなたのことを忘れていると知れば残念だったり、悔しかったりするでしょうが、それは仕方がありません。さまざまな出会いに巻き込まれながら前にしか進まない時間の前に、私たちはなす術がありません。

相手はあなたのことを忘れていると考え、あなたも新しく出会った人や、関係がつづいている人との縁を大切にしたほうが、はるかに心が自由になるでしょう。

31

誰もかれもに好かれようとしていませんか？

その強欲さが、あなたの信用を傷つける

多くの人と〝いい関係〟を築くたった一つの方法

多くの人から好かれれば気持ちが良く、助けてくれる人も多くなり、生きやすくなります。人に好かれるには、相手の言動に共感し、寄り添うことが必要ですが、これをすべての人に行うのは不可能です。

やろうとすれば、相手によって自分の立場を変えることになり、信用を失います。

それでも多くの人といい関係を作りたければ、できることは一つ。あなたがみんなを好きになることでしょう。これなら、自分の努力で可能です。好きになるには、相手との共通項に気づくのが最初のステップです。「あの人も私と同じように、人間関係で悩むことがあるだろう」「今日という日に、同じ国で生きている」などの気づきです。

こうした気づきから発生する「共感」の感情は、相手を受け入れる心を育んでいきます。そしてその心が、自分を生きやすい流れに乗せてくれます。

あなたが知っている人の中で、最も多いのは好きでも嫌いでもない人でしょう。同様に、多くの人にとってあなたはどうでもいい人です。「好き」「嫌い」でいちいち右往左往しないでいきましょう。

32

立場が違えば考え方もガラリと変わる

「同じであるべき」と考えるのは、不毛

まずは、自分の「土俵」をしっかり作るところから

私たちは、相手も自分と同じ考え方をしているだろう、あるいは、同じであるべきと、つい思ってしまいます。そのために、考え方の違いがはっきりすると相手の主張に眉をひそめたり、ムッとしたりします。

上司と部下、経営者と従業員、先生と生徒など、それぞれの立場によって、何に重きを置くかは異なります。これは一つの組織内のことだけではありません。ある証券会社の社員は「退職しても株の売買はつづけるでしょうね。面白いんですよ」と私に言ったことがあります。しかし、私は面白い人生よりも、おだやかな心で生きる人生を望んでいます。

自分と異なる考え方の人に出会ったとき、私は「この人は私と違う土俵に立っている」と考えることで、心を乱さずにすんでいます。関取がカーリング選手に「この土俵で相撲しよう」と誘っても無理です。相手は自分の得意なフィールド（領域）で勝負しようとしているのですから、ノコノコと上がれば負けるのは火を見るより明らかです。まずは、自分がしっかり立てる土俵を作っておきたいものです。

33

「あっさり」「さっぱり」人と付き合いましょう

人間関係で無理をしない処世術

人間関係は、もっと〝ドライ〟でいい

私の好きな言葉に「家庭はこんがらがった糸です。こんがらがっているからいいんです。ほどくとバラバラになってしまいます」があります。これは家庭だけでなく親戚関係などにも当てはまるでしょう。

こんがらがっているので、一本の糸に他の糸が引きずられて厄介な事態になることもありますが、いざというときに力を発揮するのも、こんがらがっている糸です。こうしたことを覚悟した上で、家庭、親戚などの中でうまく立ち回る器用さは身につけておきたいと思います。実際には、冠婚葬祭、入学、卒業などの人生の節目で義理を果たしておく、といったことが必要になるでしょう。

人はそれぞれ自分の考えを持ち、やるべきと思うこと、やりたいことがあります。多くの人はこんがらがっている関係の中でも、自分の裁量が及ぶ範囲、他人から邪魔をされない範囲で物事を進めたいでしょう。

そうするためには、手伝ってと言われて初めて手伝い、それが終われば相手の裁量に任せる。そんな「あっさりさ」「さっぱりさ」が大切です。

34

相手が変わらないなら自分を変えてしまえばいい

人生の〝苦〟を取り除くシンプルな思考法

こんなときは、自分の「都合」を引っ込めてみる

ネガティブな感情を〝苦〟と言います。仏教以前のインド哲学において、苦の定義は「自分の都合通りにならないこと」で、私たちは自分の都合通りにならないことに眉をひそめたり、怒ったりします。

この厄介な苦を取り除いたり、少なくしたりする方法は古来二つ。一つは、努力して都合通りにしてしまう。自分の努力で叶う願いならこの方法が有効です。もう一つは、自分の努力だけではどうにもならないケースで、この場合は自分の都合を諦めるか少なくするしかありません。人類はこの二つの方法で〝苦〟を〝楽〟に変えてきたと申し上げても過言ではないでしょう。

これを応用すれば、自分の都合通りに相手の考えや行動を変えたいときの対応もスムーズになります。あなたの努力で相手を変えられそうならやってみる価値はあります。しかし、自分の努力では相手は変わらないと納得したら、「相手を変えたい」という自分の都合を引っ込めて、「なるようになる」「仕方がない」「次の機会を待とう」と、自分の考えを変えればいいのです。この方法で楽になれることは意外と多いのです。

35

多少の「不義理」はいたしかたなし

「義理人情」を気にしすぎる人たちへ

あなたの気持ちは、ただの「押しつけ」かもしれない

友人の尼僧がオリジナルの仏教音楽ＣＤを作って、お世話になった方々に贈呈したことがありました。私はいただいたものとは別に購入して、仲間にプレゼントしました。数週間後、義理を重んじる彼女は「送ったのにうんともすんとも連絡がない人がいるのです。信じられません」と何の反応も示さない人の不義理を嘆きました。

私は「あなたのやったことを〝趣味の押しつけ〟と受け取る人はいるでしょう。反応がないのが不満のようですが、無反応も一つの反応ですよ」と慰めにもならないことを伝えました。彼女は、そういうことかぁと天真爛漫（らんまん）な笑みを浮かべました。

利害関係にある人や会社からの贈答が禁止されている公務員や一部の企業はともかく、一般社会ではお世話になった方との間で、さまざまな義理人情の慣例があります。お礼の品をあげたから他より優遇してほしいとか、もらったから優遇してあげるとかの問題ではないと思いますが、そこには人の心が見え隠れします。

ある程度の割り切り方をした多少の不義理はいたしかたないとしても、見え隠れする相手の心に、あるときは厳しく、あるときはやさしく寄り添っていたいものです。

36

家族といえども「違う人間」

少しくらい〝自分勝手〟でもいい

「個」を尊重する時代をどう生きる？

生まれ育った地域に住みつづけるのが当たり前だった時代（大正くらいまで）は、「家族」が社会の最小単位でした。家訓めいたものが代々伝わっていたころです。

昭和も戦後になると、夫婦が一つの単位になりました。〝狭いながらも楽しい我が家〟〝マイホーム〟が流行語になった時代です。

そして現在、社会の最小単位は「個人」です。個人の生き方、考え方が尊重され、家族でも夫婦でも個人の自由と責任が問われるようになりました。

昭和に育った人は、私を含めて、個人重視の風潮になかなか馴染めません。同じ家で暮らした家族、愛を誓い合った夫婦という共通項があるのだから自分勝手はいけない、価値観を共有すべきと考えたくなります。

しかし、共通項があってもさまざまな縁で一人一人は違う人間になっていきます。家族といっても「違う人間」です。ジャガイモ・タマネギ・肉という材料は共通していても、出来上がる料理は肉じゃが、カレー、クリームスープ、野菜炒めなど、違います。それぞれが美味しい料理になれば、それでいいのかもしれません。

37

相手を「許す」と、自分がラクになる

「あの人のせい」にするのは、やめましょう

〝幸せの種〟はそこらじゅうにある

誰の名言かわからないのですが、ドキッとした言葉があります。

「自分の不幸を誰かのせいにしている人は、その誰かを許さない。許してしまうと、自分の不幸が説明できなくなってしまうからだ」

幸せや不幸は、自分で決められます。人から「なんだかんだ言っても、あなたは幸せだよ」と言われて、自分が幸せだと気づけることはあっても、最終的に決めるのは自分自身なのです。

自分は幸せだと思おうとすれば、そう思うための材料は身の回りにいくらでもあります。同じように、自分を不幸だと思いたければ、その材料もいくらでもあります。自分の不幸の原因を〝あの人のせい〟にしていれば、すぐ横にある幸せを見て見ぬふりをして、不幸のままでいられます。

私にも似た経験がありましたが、「誰かのせいにしているうちは、幸せになれない」と気づいてからは、許せない人を「考えてみれば、かわいそうな人だ」と憐(あわ)れむことで、許せない不幸から脱却することができました。

3 章

仕事で困ったら

38

順境もよし、逆境もまたよし

どんな境遇も〝自分磨き〟の材料

仏教流「成功のレシピ」

一人の人間が二千五百年ほど前に、三十五歳で悟りを開いて仏になりました。仏になれた理由には二つの説があります。

一つは輪廻(りんね)しながら長期間修行を重ねた結果とするもので、スリランカやカンボジア、タイなどで信じられている上座仏教の考え方です。もう一つが、中国を経て日本に入ってきた大乗仏教の考え方で、悟らせる力が働いたとするものです。

正確さを少し犠牲にして説明すると、お釈迦(しゃか)さまは三十五年の人生の中で見聞きし、経験したことすべてを材料にして、いつでもどんなことが起こっても心おだやかな悟りの境地に入ることができたとします。材料になったのはやさしさや勇気、決断力や行動力、裏切りや妬み、失敗などです。その材料は今でも私たちの周りにそろっているので、仏教というレシピに従ってそれらを使えば、私たちも悟りを開けるとします。

お釈迦さまに限らず、多くの成功者たちも自分が経験したことを材料にして功成(こうな)り名を遂げたのでしょう。順境も逆境も、すべて成功の材料になります。順境でも調子に乗らず、逆境でもへこたれず、自分磨きの材料にしていきましょう。

39

仕事は「無常」だからこそ、今がんばる価値がある

仏教が説く「原因と結果の法則」

蒔かない種は、咲きません

日本には四季折々、変化を楽しめる自然があります。冬枯れの木立から新緑を迎える中で、梅、桃、タンポポ、桜、雪柳、アジサイ、サルスベリと、バトンを引き継ぐように花々が咲き、その季節ならではの農作物も競うように店頭に並びます。

こうした情景をただニコニコして見ているだけではもったいないと思います。私の好きなことわざに「蒔かぬ種は生えぬ」があります。「原因がないのに結果の生ずるはずはない。何もせずに好結果を期待しても無理である」（『広辞苑』）という意味で、仏教が説く〝縁起〟と同じと考えていいでしょう。

これと反対の意味のことわざに「果報は寝て待て」がありますが、私の先輩は「あれは嘘だ。〝果報は練って待て〟だ」と教えてくれました。

春に新芽が出るのも、花が咲くのも、冬に準備していたからです。店頭に並ぶ作物にも蒔かれた種があったのです。一つの準備が姿を変えて現れた結果とも言えます。

これは仕事の上でも同じでしょう。今のがんばりという種がいつか形を変えていい結果として実を結ぶのですから、がんばる価値はあります。蒔かない種は咲きません。

40

「やるだけやったら、あとはお任せ」がいい

人事を尽くす、そして天命を待つ

一休さんが最期に弟子たちに遺した言葉

一休さんのエピソードとして伝えられているものに、遺言の話があります。住職をしていたお寺を一休が去るとき、弟子たちに「遺言を文箱(ふばこ)の中に入れておいた。お前たちがどうにもならない事態に直面したら開けなさい」と伝えます。

一休の死後、お寺は困難な事態に遭遇します。知恵を出し尽くした弟子たちが最後に文箱を開けると紙が一枚。「なるようになる。心配するな」と書いてありました。

困った事態に対処しようと知恵を絞り、さまざまな試みをし尽くしたら、それ以上できることはありません。一休さんのエピソードは、「やるだけやったら悪あがきせずに、あとは天に任せればいい」ということを私たちに教えてくれます。

一つの出来事は、多くの縁が集まった結果です。望む結果があるなら、そのための縁を集めなければなりません。しかし、すべての縁を自分で集めるのは不可能です。大切なのは、自分の力で可能な限り縁を集めること。一休の弟子たちも、集められるだけの縁は集めました。そこから先は「なるようになる」とすればいいのです。全力のあとのほったらかし……自然界の動物の子育てに似て、理に適った対処法でしょう。

41

「前は、たまたまうまくいった」くらいに考える

人生を好転させる「ありがたい」の気持ち

物事の中にある「おかげさま」を見つける

「過去をふり返るのは、何かを生み出すときだけでいい」は私の好きな格言です。現在の自分を惨めにするような過去のふり返り方はしないほうがいいとつくづく思います。以前うまくいったことがあっても、「あれは、たまたまうまくいっただけだ」と考えることができれば、過去に引きずられなくてすみます。

物事は縁が集まった結果です。縁の中には、個人の力が及ばない社会や経済状況などの他に、自己投資をしておく、人脈を作っておく、実力をつけておくなど自分で引き寄せられるものもあります。

これらの縁を大別すると、「時」と「人」に分類できます。ですから、「前は、たまたま時と人がそろった結果、うまくいった」と考えても差し支えありません。「たまたま」は、なかなか起こらないことですから「有り難い」と同義です。そこから感謝が生まれ、〝おかげ〟を感じられるなら、過去をふり返るのもいいということです。

また、現在うまくいっていないことがあっても「まだ、時と人がそろっていないのだ」と考えれば折り合いがつきます。次のタイミングに備える活力も生み出されます。

42

失敗しても、へっちゃらな人になる

そんなことで、あなたの人生は終わりません

大切なのは、それを〝教訓〟にすること

失敗は、「こうすれば、こうなるはず」という予想に反した結果になった状態です。

失敗の理由は三つあります。一つは自分の予想が甘い場合。予約なしで大丈夫だろうと仲間と居酒屋に行ったら満席で一時間待つことになったなどがこれに当たります。

もう一つは、予想外（不可抗力）の縁が加わったときです。見積もりを出して仕事に取りかかったのに、途中で原材料費や資材価格が高騰して損失が出るなどですが、これによる失敗は「私の責任ではありません」と開き直ってもいいでしょう。

そして最後は、己の思慮不足と予想外の外的要因の両方が加わったときです。

次項でもふれますが、私たちは失敗しない方法ばかりを学び、失敗したときの対処法を学ばずに社会に出ます。そこで失敗すると、どうしていいかわからずにへこみ、中には「これで人生は終わった……」と大袈裟（おおげさ）に考えてしまう人さえいます。

しかし、失敗を次の成功に活かしたり、成功しなくても、せめて失敗しないように注意したりする教訓にはできます。自身の失敗から学び、失敗した人からのアドバイスにも耳を傾ければ、過去の失敗もこれからする失敗も、恐れるに足りません。

43

寛容な人になる

人生をおだやかに生きるためのコツ

失敗した人に伝えたい言葉

私たちは子どものころから、準備不足で学校に遅刻する、お礼を言えず親から怒られるなど、失敗をくり返しながら、失敗しないで生きる術を学びます。

健全で着実な生き方や働き方を是とする人は、自分の失敗や他の人の失敗例を参考に、失敗しないように細心の注意を払います。自分なりに成功のイメージがあれば、失敗はその障害になるので、全力で失敗の種を排除しようとする人もいるでしょう。

ところが、失敗から多くを学んだ人の中には、自分が注意を払っているように、他人もそうすべきと思ってしまう人がいます。これが人間関係のトラブルのもとです。

自分が失敗して学んだように、他の人も、自ら失敗するからこそ得られるものがあります。それに気づけば、他人の失敗にも寛容になれるでしょう。

「失敗は経験って読むんだ」「失敗をそのままにしておくのが一番の失敗」「失敗して迷惑をかけたら、まず謝る。次に、もうしないように努力しますと宣言する。あとは、それを行動で見せる。それで相手が許してくれるかはわからないけど、君ができるのはそれだけ」。失敗した人に、そんな言葉をかけられる寛容さを持てたらいいですね。

44

仕事はいつだって「予想外」だらけ

むしろ「予定調和」ではつまらない

イレギュラーには、〝自然体〟で対応してみる

書店に並ぶ本を書かせてもらうようになって、ベストセラー、ロングセラーを次々に出している編集者三人にその秘訣について聞いたことがあります。

三人は異口同音に「秘訣なんてありません。売れると思っても全く売れない本もあれば、売れないと思っていた本がベストセラーになることもあります。わからないから、面白いんです。どんな本を作れば売れるかがわかったら、この仕事は金儲けの道具になります。そんなのつまらないですよ」とおっしゃいました。

きっと予想通りにならないことをたくさん経験してきたのでしょう。「こうやればこうなるだろう」と予想をしても、それ以外の展開になることのほうが多いのは明白です。だからこそ、予想外の出来事に対して自分のやり方を修正するのを楽しむ心を持つ必要があります。その感性は、人生を豊かにしてくれるにちがいありません。

人生も仕事も「予想外」だらけです。武道やスポーツの選手が自然体で対戦相手やボールに向かうように、予想外の事態に対応するには、どこにも無理な力がかかっていない自然な心で臨んだほうがいいと知っておきたいものですね。

45

「人に評価されたいなら、人に評価されようと思うな」

〝八方ふさがり〟にならないために

やたら求めるから苦しくなる

自分がやっていること、やったことを他人が良く評価してくれれば、充実感が味わえて嬉しいものです。「苦労する身は何いとわねど、苦労しがいのあるように」の古歌もそれを表わしているのかもしれません。

しかし、苦労する目的が、他人からの好評価を得ることばかりになれば、やがて八方ふさがりになります。やっていることをアピールしたり、共感を求めすぎたりする人と付き合うのは面倒です。結果として人とつながれず、周りが壁だらけになります。

評価を過度に求めないためには自立が不可欠でしょうが、それだけではありません。『荀子(じゅんし)』に理を究めたような警句があるので、ご紹介します。

「仕える相手に認められないのは、自分が怠けているからだ。一所懸命働いているのに認められないのは、仕える相手を尊敬していないからだ。尊敬しているのに認められないのは、誠実さに欠けているからだ。誠実なのに認められないのは、成績があがっていないからだ。成績をあげているのに認められないとしたら、それは自分に徳がないからである」（『中国古典　名著のすべてがわかる本』守屋洋　三笠書房）

46

「変化こそチャンスの母である」

〝安住の地〟では得られないもの

「開拓者」のような生き方を

「変化こそ機会の母である」はダイエーの創業者、中内功さんの言葉として伝えられています。

今までのやり方が通用すれば、そこは安住の地と言えるでしょう。変化に対応する力がない人、あるいは変化に対応するのが面倒な人も含めて、安心、安定、安全志向の人たちが好む居留地です。

変化とは、新しい境地が目の前に開けるということです。ニューワールドが待っているのですから、そこを開拓するさまざまなチャレンジができます。

チャレンジして成功するかはわかりませんが、安住の地で過ごしていては得られないチャンスが次々と眼前に現れます。それはまるで、開拓者になったようなものです。

どのやり方なら失敗し成功するのかを試したり、つちかってきた己の能力を試したりする絶好の機会でもあります。そこから新しい能力が目覚めるかもしれません。

安心、安定、安全が好きな人はそれらを担保しつつ、変化という機会の母の背中から、やったことはないけれどやってみたいと思うことを探すのも悪くないでしょう。

47

「変えてはいけない仕事のルール」などない

ときには〝正攻法〟ではないやり方を

「成功への道」は一つではない

何をするにも、人にはさまざまなやり方があります。人から「こうしろ」「こうしたほうがいい」と言われることもあれば、自ら「こうしよう」と思う場合もあります。

多くのやり方の中で、自分や会社が成功したやり方、失敗して学んだやり方は、本人にとって間違いのないもので、いわば〝正攻法〟と言えるでしょう。

しかし、正攻法以外でも成功に結びつく可能性はあります。別のやり方をしてうまくいかず、結果的に正攻法に戻ることはあっても、やってみる価値はあるでしょう。

A地点に向かう列車に、街中を通る路線、山裾を走る路線、海沿いの路線の三つがあるとします。正攻法が「早く到着できる街を抜ける路線」だとしても、海岸沿いの絶景を堪能できる海沿いの路線があってもいいし、雄大な自然を満喫しながら山裾の路線を行くとしても、最終的にはきちんと目的地に到着します。

会社の仕事でも個人的な主義でも、一つのルールがあればそれに従えばいいので楽かもしれませんが、一方でそのルールに縛られます。別の可能性を広げるためにも、変えてはいけない仕事のルールなどないと知っておきたいものですね。

48

会社の常識は、社会の非常識

「社会人になっても、会社人にはなるな」

あなたは「お金のため」に生きているの？

学校を卒業して社会人になる人に「社会人、おめでとう。でも、会社人にはなるな」と忠告する年寄りは私だけではないでしょう。

会社は、儲けを出すのが目的です。事業相続のため、従業員の生活を守るためなど、理由はいくつかあるでしょう。しかし、その手段である経済活動ばかりに傾注すれば、合理化、即応性などに重点が置かれ、人間性がないがしろにされることになりかねません。「会社の常識は世間の非常識」と言われるのはこのためでしょう。

別項でもお伝えした通り、経済優先、損得勘定は避けて通れない課題だとしても、そこに安住すれば、人間としてのっぴきならない事態に追い込まれることになります。

あなたは、自分の葬儀で子どもに「あなたの子どもに生まれて損だった」と言わせたいですか。遺していく伴侶に「あなたと結婚して得をした」、友達に「あなたと友達だったおかげでずいぶん得をした」と損得で評価してもらいたいですか。

それを是とするなら、あなたはお金製造機として生きているということかもしれません。会社の常識を社会の常識だと勘違いしないようにしたいものです。

49

「これも修行のうち」と考えてみる

困難な状況に直面したときは——

ポイントは、「我慢」と「目標」をセットにすること

我慢は自分のやりたいことをせずに、目の前のことを耐えてやることなので、嫌なもの、できればしたくないものと思う人は少なくないでしょう。

しかし、我慢は目標とセットで考えれば、その構造はとてもシンプルになります。達成したい目標があれば、我慢はそれほど難しいことではないのです。

私は「お坊さんの修行は大変でしょう」とよく同情されますが、どんな修行にも達成したい目標があります。僧侶資格を取るため、僧都や僧正などの階級アップのため、拝み方や祈禱法を身につけたいなど、さまざまです。

こうした目標を持たない一般の人が僧侶の修行をすれば、三日坊主になるか、過酷さのあまり心身のバランスを崩してしまうでしょう。

社会生活では、困難な場面に直面することが多々あります。それを修行と考えろと言われることがありますが、そう思うには目指す目標が不可欠です。

我慢しなければならない状況になったら、「いったい何のため？」と自問し、自答してみると、乗り越える覚悟ができます。

50

「勝って驕る人」は次は負ける

勝利の〝賞味期限〟は意外と短い

「勝って兜の緒を締めよ」といわれる理由

仕事では、他社や同僚たちとの力比べの場がたくさんあるでしょう。ある意味で、結果がすべてという過酷な現場ですから、誰もが最終的な勝ちを目指します。

そこで勝てば、自分を「よくやった」とほめたくなります。満足のいく結果なら、自分のやり方に間違いはなかったという自信につながります。

しかし、勝って驕る人には油断が生まれ、次に負けることが往々にしてあります。自分のやり方が次回も通用する保証はどこにもありません。それにもかかわらず、従前のやり方に甘んじていると、思わぬ落とし穴にはまることになるのです。

あなたのやり方はすぐに別の人が真似し、中には改良を加える人もいます。そこで「もともと私のやり方だ」と主張しても虚しいだけでしょう。負けた人が勝ち誇っているあなたの足を引っぱるかもしれません。「卑怯だ」と叫んでも、結果がすべての世界では負け犬の遠吠えにしか聞こえません。

「驕れる者久しからず」「勝って兜の緒を締めよ」は、驕りのために次に負けた人たちがいかに多いかを物語る古人の金言でしょう。

51

「負けて腐る人」は次も負ける

「敗北」を次の「勝利」へつなげる方法

「未来への責任感」があなたを強くする

勝ち負けの世界には、勝者がいれば敗者もいます。しかし、負けたからといって腐っていれば、次も負ける可能性が高くなります。

負けるのは悔しいものです。しかし、落ち込んで、腐ってもいいのは数日がいいところでしょう（私の場合、落ち込むのは二十四時間と決めています）。

次の数日は自分のどこが相手に劣っていたのか、何が原因だったかを分析します（私はこれにも二十四時間費やします）。

そして分析をもとに、次の数日で、何をすべきかを考えて動き始めます（これにも一日かけるので合計三日で心の整理をして、にっこり立ち上がることにしています）。

「人を賢くするのは過去の経験ではなく、未来に対する責任感である」はアイルランドの劇作家バーナード・ショウの言葉。何かをするには過去の経験がものをいいますが、知恵が発揮されるのは、他人や自分の未来に対する責任感からでしょう。

負けて腐っているだけでは知恵が発揮されず、また負ける可能性が高くなってしまいます。

52

「完璧主義」にいいところなし

「心の余裕」、もっていますか？

「八十点」で上等

〝完璧主義〟は人生にとっても仕事にとってもいいことはない、と言われるようになってから数十年が経過しています。完璧はもともと傷のない璧（玉）のことで、欠点が少しもないことを意味します。

完璧主義の人は、仕事が丁寧、責任感が強く最後までやり抜く、質の高い結果を出すなどのいい点があるので、結果的に周りからの信頼も厚くなります。

しかし本人にすれば、強い承認欲求のために、評価を過度に気にすることになります。自分なりの完璧への道筋があるので、他人の意見には耳を貸さず、周囲の人にとって扱いにくい存在になります。また、責任感が強いためにベストを尽くしますが、他の人にもそれを求めがちです。他の人のミスで自分の完璧さが崩れるのが許せないのです。いわんや、自分がミスをすれば自分を許せず、精神的なダメージは深刻です。

百点を目指すのは、かならずしも悪いことではありません。ただ、八十点でも上等という心の幅をもっていたほうが、仕事も人生もうまく回ります。車のハンドルも障子の受け枠も、〝あそび〟という幅があるからこそ、スムーズに機能するのです。

53

「縁の下の力持ち」への感謝を忘れない

支えてくれた人のおかげで「今」がある

このことに気づけるかが、人生の分かれ目

私たち僧侶がみなさんに〝おかげ〟の話をする理由は、それに気づけば感謝の気持ちが生まれるからです。感謝ができれば心はおだやかになります。〝心おだやかに生きる〟のが仏教の目的なので、おかげについてお伝えするのは理に適っているのです。

親を二十世代さかのぼった時点の先祖の数は約百五万人になります。つまり、あなたを頂点にした命のピラミッドの底辺には、百五万もの人がいるのです。そしてピラミッド全体を構成する親の総数は二百万人を超えます。このうち一人でも、子どもを授かる前に亡くなっていれば、あなたがこの世に生まれることはありませんでした。自分まで命をつないでくれた先祖たちのおかげで、今があるのです。

この先も、あなたやあなたを取りまく状況は変化していきますが、その中で確実なのは〝今現在〟。これはこれで一つの大きなピラミッドの頂点です。生活でも、人生でも、仕事でも、あなたが過ごしている今現在には、それを支えてくれている縁の下の力持ち的な存在が、かならずいます。それに気づき、今日一日、自分がしてもらったことを感謝するだけで、ガサガサした心に潤いが戻ります。

54

「どうにでもなれ」で意外といい方向にいく

「開き直り」の効能

想定外の事態には、とにかく〝オープンマインド〟で

仕事の基本は、セーフティネットも含め、考えうるさまざまな状況に対応できるように準備をすることでしょう。やってくるものに対して、とにかく備えておくのです。しかし、準備しきれなかったり、想定外の事態になったりして、ほとほと困りはてる状態になることもあるでしょう。こんなとき、対応は大きく二種類に分かれます。

一つは「もういいです。私には無理ですから」と不貞腐れ、固く心を閉ざしてその場から去る人。困難な状況に遭遇したのは（それが本人の招いたものにせよ）同情に値しますが、逃げれば、同情はあとを引き継いだ人に向けられ、逃げた人に残されるのはいつ訪れるともわからぬ汚名返上の機会ばかりです。

もう一つは「どうにでもなれ」と開き直るパターンです。開き直るので無防備にはなりますが、オープンスタンスならぬオープンマインド状態なので、視野も広がり、思わぬ展望が広がって問題がいい方向に向かうこともあります。

どうしようもないときは、心を閉ざして不貞腐れずに、アジのひらきのように腹の中を見せて、開き直ってみましょう。

55

「できない」を前提にしない

自分から「限界」をつくっていませんか？

あなたの「限界」を引き上げる仕掛けとは

「私には無理」と思うのは、自ら限界をつくっているようなものです。

短距離走で「百メートルで十秒をきることはできない」という〝十秒の壁〟がしばらく存在していました。しかし、九秒台で走る人が一人でも出ると、そのあとから日本人でも次々に記録が生まれました。「十秒をきれない」という心理的な壁が除かれたからと専門家は分析しています。「日本人には無理」という限界を超えたのです。

フィギュアスケートやスノー（スケート）ボードでも、男子しかできないと思われていた技を女子が一人でもやると、あとにつづく人たちの「女子には無理」という心の壁が崩れ、以後は「できる」が前提になります。

別にあなたがその突破口を開く必要はありません。壁を越える人が何人も出ることで、自分にもできるかもしれないというチャレンジ精神がわきます。壁を越えた人のノウハウを学んで真似すれば、今のあなたの限界はさらに引き上げられる仕掛けになっているのです。

あなたが自分でつくっている〝限界〟を超えた人に注目してみてください。

56

チャンスは「突然」やってくることもある

だからこそ、準備を怠らない

少しでも多くの「導火線」に火をつけなさい

仏教に重々帝網という世界観があります。帝網は帝釈天の宮殿に飾られている網のこと。網の結び目は鏡面の玉になっていて、すべての玉が網を含めて宮殿内部をもらさず映します。その様子を重々と言います。私たちの世界も同じように、些細なもの一つの中にすべてが映し出されているとするのが重々帝網の世界観です。

身の回りで起きることの中には原因や縁を予測できるものもありますが、それが皆目わからないこともあります。なぜだかわからないけれど、突然やってきたと思えることがあるのです。仕事や人生のチャンスにも、そんなケースがあるでしょう。

「偶然というのは準備していた人だけに訪れる」とよく言われますが、その準備とは自分の力を磨く、人とのつながりを大切にする、良いと思ったことはやってみるなどといったことでしょう。それらをするのは、まるで打ち上げ花火につながるあちらこちらの導火線に火をつけて回るようなものです。どの導火線がどのように燃えていくかはわかりませんが、あるとき大きな花火になって打ち上がります。多くのことにチャレンジして、たくさんの導火線にじゃんじゃん火をつけてみてはいかがですか。

57

いつだって上には上が、下には下がいる

謙虚さと向上心が、何よりも大切

「上求菩提、下化衆生」の心得

「上には上がある」を『明鏡ことわざ成句使い方辞典』では、「程度が最も上だと思っても、世の中にはさらに程度の上のものがある」と説明したあとに、「『もっと上があるのか！』とあきれたり感嘆したりしていう。戒めのことばとすることも多い」とあります。さらに「最近ではもの一般から人に限定してとらえるようになったので『上には上がいる』とも言うようになった」という説明が加えられています。

反対の「下には下がある」は、今のところ前述の辞書にはありませんが、この言葉は他をバカにするときだけでなく、ダメな自分を慰めるために使われることもあるので、近いうちに掲載されるようになるかもしれません。

仏教には修行者の心得として〝上求菩提（上には悟りを求め）、下化衆生（下には衆生を化す）〟があります。自分を未熟と心得て心おだやかな境地を目指しながら、悩み苦しんでいる衆生を救っていくという意味です。

仕事の場合なら「自分はまだまだという謙虚さと向上心を持ち、下に気配りし、足など引っぱらずに手を引いてあげる大きな心を持て」という立派な心得になります。

58

「生きるのが大変」なのはみな同じ

「あなたはあなた、私は私」と割り切るのは危険

「おもいやり」の土壌を育てよう

やさしさが発生する土壌は、相手との共通項に気づくことです。エレベーターで知らない人が一緒になれば、気まずさをなくすためにその日の天気を話題にします。一つのことを共有することで、おもいやりが発生するのです。一人ではなく、みんなで楽しむのが有意義な理由の一つは、こうしたおもいやりの空間が生まれるからです。

逆に「あなたはあなた、私は私」と割り切り、共通項を排除してしまえば、やさしさが発生する土壌がありません。そんな人にもやさしくしてもらおうと思うなら、あえて一緒に食事をしたり、連れ立って出かけたりして共通項を作るしかありません。

私たちはもともと多くの共通項を持っています。どんな人も誰かの子どもです。今日この地球で生きている者同士です。みんな悩みを持ち、必死に生きています。

呑気に暮らしていそうな人に「呑気でいいですね」と聞けば、「これでどうして、呑気に暮らすのも大変だよ」と、あなたと同じ「楽に暮らしているわけではない」という共通項を提示してくれます。〝自分だけ〟の壁を遠くに押しやり、〝自分も他の人も〟という共通項に気づくことで、心を晴々とさせたいものです。

59

身の丈で生きるのが基本

〝背伸び〟をするのは、ときどきでいい

「無理」と「無茶」は微妙に違います

自分の身の丈がどこなのか、何が身の程なのかは、失敗しないとわかりません。実際の身長と同じように、できること、対応できることが徐々に増えて身の丈も成長し、ある程度成長すると成長速度が鈍くなります。鈍くはなりますが、「無理かもしれないけどやってみるか」と少し背伸びをしてみると、手が届くことはたくさんあります。

そんな経験から私は、「無理はしてみろ、無茶するな」という言葉を作って、座右の銘にしています（無茶も失敗しないと、それが無茶だとわかりません。無理と無茶の境界線は、自分の経験から判断するしかないでしょう）。

よく言われる「身の程（丈）を知れ」は、無茶をして周囲に多大な迷惑をかけたり、体を壊したりしないようにという教訓です。背伸びを含めて身の丈の範囲内で生きていれば、過去の経験値がものを言います。そこに安住すれば、自分のさらなる可能性は発掘できないでしょうが、私を含めて、多くの年寄りは、右往左往しないですむので、身の丈で生きることを是としています。

身の丈で生きるのを基本にして、ときどき背伸びをしてみるのも悪くありません。

60

自分にないものを探し回らない

身の回りにある「宝」に目を向けよう

欲しいものを手に入れるシンプルな思考

今の自分にないものは何か、足りないものは何かを考えると、他人へのやさしさ、財産、心の余裕、休日、果ては人生の意味など、たくさん出てくるでしょう。欲しいものがあるなら、とりもなおさず、それは今、あなたが持っていない、あるいは不足しているものと考えて差し支えありません。

かつて私は、もっと自分の時間が欲しいと思ったことがありました。若い僧侶への講義やいくつかの仏教イベントを掛け持ちして、自由な時間がなかったのです。そのとき、自分で作った言葉が「なければ探せ、探してもなければ、作り出せ」でした。

人生の意味や他人へのやさしさについては別項でお伝えしました。お金や物以外の健康や友人なども宝だと気づけば、宝探しが始められます。心の余裕がなければ、今の自分の状況にあった本を読むことで、心の余裕を持つきっかけを探し出したり、作り出したりできるでしょう。休日がなければ、効率よくあるいは集中して仕事をこなして作り出せばいいのです。

自分にないものを探すより、作り出したほうが早いかもしれません。

61

「今あるもの」にしっかり目を向ける

〟ないものねだり〟からの脱却を

あなたに必要なものは、すでにそろっている

引っ越しをして間もない人に聞くと、荷物の梱包をとかないまま数カ月過ごしているという話をよく聞きます。荷物の中に入ったままになっているものは、基本的に使わなくても生活できるというのです。示唆に富んだ話だと思います。

昔から〝起きて半畳、寝て一畳、天下取っても二合半〟と言われます。どんな人間でも、一人で専有できるのは立って半畳だし、寝ても一畳あれば十分、仮に天下を取っても一日に食べられるご飯の量は二合半がいいところという意味です。

あなたもここまで生きてきたのですから、生きていくのに必要なものは、ほとんどすでにそろっているでしょう。ある意味で、恵まれた状態といえます。

生活に最低限必要なものをそろえて合理的、機能的に暮らすライフスタイルは、スモールライフ、ミニマムライフ、シンプルライフなどと呼ばれます。何か欲しくても、すでに自分が持っているもので代用ができないか知恵をしぼれば、多くの場合、どうにかなるものです。

〝ないものねだり〟をする前に、今あるものにもう一度、光を当ててみませんか。

4章

生活が不安なら

62

お金はすべて「預かりもの」

だから「移動」するのは当たり前です

「不増不減」の精神で

使って何をするかが問題なのは、命と道具、そしてお金かもしれません。命や道具に人間が使われることはないでしょうが、お金に使われている人はいます。金、金と躍起になっている人です。

古人はお金に執着する人に対して「金は天下の回りもの」という言葉を遺して戒めています。落語では長屋の住人が「天下の回りものなのはわかっているが、自分のところにちっとも止まらないのが癪だ」と軽いジョークで日々を乗り切っていく様子が描かれることもあり、私もよく使うフレーズです。

『般若心経』の一節に「不増不減」がありますが、私はこれを「お金を使うと財布の中のお金は減りますが、その代わりに品物やサービスを受け取っているので、プラス・マイナス・ゼロです。財布の中身だけ見るから増えた、減ったと心が乱れるのです」と説明することがあります。実際に私はそのように考えているので、過度にお金にふり回されずにすんでいます。

「お金は預かりもの」くらいに考えて、別の所に移動するのを覚悟したいものですね。

63

家もすべて「仮住まい」

でも「心の終の住処」は探しておきたい

たとえ〝ライフスタイル〟が変わったとしても――

昭和育ちの世代の人がお墓を新しく建てるとき、周りの人によく言うのが「生きている年月より長くいる場所だからな」です。人生百年時代になっても、その事実に変わりはありません。お墓が〝終の住処〟と言われるゆえんです。

しかし、お墓にこだわらない人は昔から多くいました。日本仏教の祖師たちの多くは「自分の死骸はそのあたりに捨て置き、鳥や虫の食べ物にしていい」という感覚を持っていたそうです。しかし、弟子たちは師を偲び、手を合わせる場所を作りました。

昭和育ち世代には、実家や先祖が代々暮らしていた土地と家があり、それが当たり前と考えている人も多いかもしれません。しかし、経済を中心とした時代の渦は、一カ所定住というこだわりを攪拌し、希薄化させます。都市部では、ライフスタイルに合わせて家を住みかえるのが当たり前になりつつあります。今住んでいる家は仮住まいのようなものなのです。お墓の引っ越し（移転）も一般的になりました。

家もお墓も仮住まいのような世の中ですが、せめて自分の心の落ち着きどころとなる〝心の終の住処〟を探しておきたいものです。

64

命だって「借りもの」

いつかお返しする日まで、有意義に使い切る

それは、親からの最高の「プレゼント」

「私は親から何ももらっていない」「親から相続されるものなんか何もない」と不満を漏らす人がいます。とんでもない勘違いをしている人がいるものだと、私は半ば呆れながら言います。「冗談を言っちゃいけません。命をもらっているではないですか。最初のいただきものは、あなたのその命でしょ。その命のおかげでいろいろなことができるんですから。親から何ももらっていないなんて、親に失礼ですよ」。

子どもを持ちたい親にとって、子どもは当たり前に生まれてくるのではなく〝授かりもの〟、あるいは〝預かりもの〟という意識があります。天か神か、あるいは自然の力かわかりませんが、人知を超えた力によって生まれてきてくれたと感じるのです。

そして当の私たちも、自分の都合で生まれてきたわけではありません。人の誕生は、本人の都合が介在する余地のない現象です。「どういうわけだか、この親の間に、この時代に生まれた」という意識が私にはあります。おそらく、死が近づけば「どういうわけだか、この世とおさらば」と思うでしょう。授かった命を返すのですから、命は「借りもの」とも言えます。有意義に使い、きれいな心にして返したいものです。

65

物、物、物……の生活から脱却を

飾らないことが、本当の「極楽」

「何も身につけていない」から、自由になれる

仏さまはあまたいらっしゃいますが、多くはご自分の浄土（世界）を持っています。大日如来は密厳浄土、薬師如来は瑠璃光浄土、観音さまは補陀落浄土という具合です。これら数ある浄土の中で最も有名なのは、阿弥陀如来の極楽浄土でしょう。

私が住職をしているお寺には阿弥陀さまの仏像はないのですが、そんな私でも、「極楽、極楽」と言ってしまうことがあります。夜、暖かい湯船に身を沈めたときです。あるとき、どうして「極楽」と言ってしまうのか考えたことがありました。そして、何も身につけていないことに気づいたのです。無防備ではありますが、衣服という飾りをつけていないのです。

そこから私が至った一つの結論は、飾りのないことが〝極めて楽な状態〟ということでした。張り子の虎のように虚勢を張るのではなく、素の自分でいることで、心が自由になります。また、自分を飾っている〝物〟の存在も忘れてはいけません。自分の所有している物には、自分の心が投影されます。物とつながった心の糸をしまいおさめて、物、物、物……の生活から脱却すると、心の飾りも取れて楽になります。

66

見栄っぱり、やめませんか？

結局、〝ありのまま〟が一番強い

「大人の階段」をのぼりましょう

見栄は、他人に良く思われよう（いいところを見せよう）として必要以上に体裁を取りつくろうこと。「必要以上」ですから、他人から見れば背伸びしているのも、無理をしているのもよくわかります。周りは、わかった上で「すごいですねぇ」とお世辞を言ったり、持ち上げたりしてくれているのです。

子どもが見栄を張るのは、その子が努力するきっかけになるので、「がんばれ！」と応援したくなりますが、大人がこれをやると気の毒がられます。

多くの人が通る見栄の道ですが、いい大人になればそのバカらしさに気づくでしょう。他人から見れば〝見栄が見え見え〟なのです。見栄など張らなくても、あるがままの自分ほど強いものはありません。その強さを作るのが大人への階段だと思います。『新明解国語辞典』では、見栄っぱりについて「意地になって見栄を張ろうとする性格（人）」と解説してあります。他人に対して張られるのが見栄ですが、意地は自分に対するこだわりです。プライドならまだしも、自分のこだわりから他者に見栄を張っても、行き着く先は虚しさでしょう。そろそろ見栄っぱりから卒業しませんか。

67

「もったいない精神」を忘れるべからず

「持続可能な目標」と共に生きる

心の「使い捨て」にもご用心

持続可能な開発目標（ＳＤＧｓ）を引き合いに出すまでもなく、「使い捨て」をよしとしていたのは、昭和の一時期の浮かれ騒ぎだった気がします。

日本全体では一日四食分の料理を作り一食分を捨てているというデータから、食べ物の廃棄を少なくする流れになりました。フードバンク運動なども徐々に広がっています。こうした「もったいない」「お互いさま」の文化は〝向こう三軒両隣〟の関係が保たれていた昭和四十年くらいまでは、普通に行われていたことです。

今また、振り子がふれるように「もったいない精神」や「お互いさま精神」をベースにした「持続可能」の流れが戻ってきたのかもしれません。この流れには、私たちが気づかない問題点もあるでしょうが、「持続可能」に対する意識は高くなりました。

〝物〟のリサイクルはもちろんのこと、人生百年時代を迎えて、高齢者を再雇用する〝人〟のリサイクルも普通になっていくでしょう。後につづく人たちのことを考える知恵があると信じたいと思います。今のところ、私の持続可能な自己開発目標は「生きているのだから、知恵を使って、心おだやかにならないともったいない」です。

68

「世間の常識」なんて気にしない

ルールなんて、この程度のもの

「私のやったことが常識になる」くらいの心意気で

自分でいろいろなことができる年頃になると、常識という言葉に過敏に反応する人がいます。常識が自分をがんじがらめにして、やりたいことができないので不満なのです。大人になってもその感覚を後生大事に持ちつづけ、「常識って何だよ！　誰が決めたんだよ！」と誰も答えられないのを前提に吠える人がいます。

世間の大多数の人は平穏な暮らしを求めています。暴力や詐欺にあわずに生きていきたいのです。そのために、犯罪などのやってはいけないこと、感謝などのやったほうがいいことが、大まかな規範、暗黙の了解として〝世間の常識〟になっていきます。

極端に常識を無視する人は刑務所という塀の中に入ってもらい、大多数の人びとから隔離されます。常識はあなたを縛るのではなく、赤信号のように、守っていることが多いのです。

常識についてはこの程度のことを知った上で、多くの人が安心して暮らせるなら、過度に縛られる必要はありません。世間の常識をあまり気にせず「私のやったことが常識になる」くらいの心意気で挑戦したほうが、いいことがたくさんありそうです。

69

「平均的な生き方」なんてない

基準は常に「あなた」だけ

自分にとって「まずまず」なら、それでよし

平均年収、平均貯蓄額など、「平均」という言葉を報道などでよく耳にします。これが大多数の人という意味かどうか、統計を勉強していない私はよくわかりません。

しかし、天気予報で降水確率が一〇％でも、自分が雨に降られれば一〇〇％ですし、雨が降らない場所にいれば〇％です。確率と平均がどんな関係なのかもわかりませんが、この平均という概念は注意したほうがいい気がします。

たとえ大多数の人の年収や貯蓄額の中に自分がおさまっていても、平均より少なくても、基準はあくまで自分でしょう。自分で「まずまず」と思えれば、平均なんて意識しなくていいのです。報道される数値から「平均的な暮らしぶり」はあぶり出せるかもしれませんが、〝生き方〟に平均という言葉はそぐわないですし、平均的な生き方などあるはずがありません。自分の生活は世間に照らし合わせなくてもいいのです。

孔子は七人の賢人と比較して、自分の生き方を、ある生き方だけをいいともしないし、だめともしない調和の取れた「可もなく不可もなし」と貴んでいます。

自分で「まずまずな生き方をしている」と思えれば、それでいいではないですか。

70

幸せかどうかは「自分で」決める

人から指摘される前に――

その「きっかけ」は、そこかしこに転がっている

自分では何とも思っていないのに、人から「あなたは○○だから、幸せだよ」と言われることがあります。○○には健康、お金に不自由していない、家族の仲がいい、などが入ります。相手から見れば、客観的な事実なのでしょう。

しかし、天(あま)の邪鬼(じゃく)な私は、にされているような気がして、すぐに「そうだ。私は幸せだ」と同意することができません。たいてい私は、「ありがとうございます。でも、自分が幸せかどうかは私が決めます」ときっぱりと言います。

そしてそれから数日してようやく、「なるほど、○○だけを取り出せば、私は幸せかもしれない」と思えるようになります。幸せと思うきっかけは相手が作ってくれたかもしれませんが、結果的に幸せかどうかは自分で決めているのです(同様のことが不幸についても言えます)。

幸せに気づくための材料は浜の真砂(まさご)ほどあります。人から指摘される前に、少しでも自分で探し出せたらいいですね。

71

「目先のこと」だけに集中してみる

料理、洗濯、掃除だって立派な「禅」

不安を解消するための小さなヒント

一九七〇年代に、ゲームやアニメの愛好者が相手のことを「あなたは」「君は」と言わずに「お宅は」と言うことから命名されたのがオタクだそうです。一つの物事だけに興味がある人のことで、最近では否定的な意味合いが払拭されてきました。

似た意味で使われるマニアは一つの物事に集中する人。その関心は周辺領域にも広がります。鉄道マニアなら、鉄道のこと、その歴史、部品、組織などにも興味がわき、広範囲な知識が増えていきます。

オタクもマニアも、自分が好きなことに関わっていれば幸せそうで、それに関わっている間は、生活に不安など感じていないように思われます。ここから、不安がある場合には、一つのことに集中すれば不安は影をひそめることがわかります。

好きなことばかりに集中してはいられないでしょうが、そんなときは、料理を作る、洗濯物を畳む、掃除をするなど、目先のことに集中すればいいのです。仏教の「禅」も一つのことに集中するという意味。不安を解消するヒントも、目先のことに集中する中で見つかることがあります。

72

「当たり前のこと」をやればいい

〝知的ゲーム感覚〟で物事に取り組む

これだけで、快適な時間は簡単に増やせる

私は仏教者として、「仕方がない」と「当たり前」の二つは、あることをいさぎよく諦めるための魔法の言葉だと思っています。ちなみに諦めるの「諦」は、諦観などで使われるように、物事をよく観察して真実のあり方を明らかにするというとてもいい意味です。

温暖化防止などは急務なのが明らかですから、それを「まあ、仕方がない」とうやむやにしてはいけないでしょう。しかし、多くのことは「そういうことなら、仕方がない」「そんな事情があるなら、そうなって当たり前」と諦められます。

私たちは、自分が当たり前と思うことに腹は立ちません。つまり、ストレスを感じないのです。ですから、生活の中の健康や経済、人間関係などに不安があっても、自分にとって当たり前と思えることを増やせば、ストレスのない快適な時間が増えます。

当たり前のことを増やしていくには、何がどうなっているのかを観察する必要がありますが、これは練習すれば誰でもできるようになります。面倒だと思わず、知的ゲームだと思ってやってみてはいかがでしょう。

73

世の中を嘆くのはやめる

「日陰の道」に希望はありません

「どうせ」が口癖になっていませんか

「世の中は嫌なもの」と考える厭世観（悲観主義・ペシミズム）。調べると、『広辞苑』では【①現実世界では、悪が善よりも、苦が快よりも支配的であると考え、これを厭うこと。②物事の悪い面ばかりを見、悲観的に考える精神の傾向】と模範的な解説です。『新明解国語辞典』では【厭世：生きることをつらい（いやだ）と思うこと】と、〝生きること〟を土台にした解説。『標準国語辞典』になると【厭世：生きる希望を失って、この世がいやになること】と希望の扉が閉ざされた挫折感が強調されます。

物事を悲観的にとらえる人と楽観的にとらえる人がいます（【楽観：すべて物事を好都合に考えること。将来の成行きに明るい希望的な見通しをつけること】『広辞苑』）。

経験上、楽観的な人が貧苦、ままならぬ恋、近親者の死などの経験から悲観的になることはあっても、悲観的だった人が楽観的になることは少ないようです。

悲観を楽観に変えるには、悲観した上で何とかしたい、何とかなるはずという強い思いと実体験が必要です。それがないと、「どうせ」を口癖に過ごすことになります。嘆くだけの日陰の道から一歩踏み出して、日向の道を歩んでみてはいかがですか。

74

お寺に行って無常を感じよう

心をおだやかにする「特別な空間」

たまにはお寺で、つかの間の休息を

修行僧の集まる祇園精舎（ぎおんしょうじゃ）には死を待つ人の部屋があり、そこには小さな鐘があって、人が息を引き取ると自然に鳴ったと言われます。生ある者はかならず死ぬという諸行無常の教えを説く「祇園精舎の鐘の声」です。

ここから寺院の七堂伽藍（しちどうがらん）の一つに鐘楼が整えられ、時を知らせる役目と同時に、無常の教えを説く仏さまの声として考えられてきました。寺院は世の中の無常の相を土台にして、心おだやかになる教えの発信センターとして存続してきたのです。

無常の世界に生きる人びとが祈り、その祈りを聞き届け、さまざまな苦悩を救ってきた本尊を祀（まつ）っている寺院は、境内に入った瞬間に他とは違った空気感や磁場のようなものが感じられます。実際、「坊主は嫌いだけど、仏教やお寺は好き」とおっしゃる方は少なくありません。

そんな方はぜひ、一人静かな境内やお堂でつかの間の時間を過ごしてみてください。

〝濁り酒でも静かにすればいつの間にやら澄んでくる〟と言われるように、心の澱（おり）が沈殿して透き通り、無常の中で生きざるをえない己を励ます力がわいてきます。

5 章

老いを感じたら

75

自然の法則に逆らうことはできない

それならいっそ、それを「楽しむ」

「諸法実相」という世界観

仏教には「私たちの周りにあるすべての存在や現象は素晴らしいものである（諸法実相）」という世界観があります。言いかえれば、嘘や偽りがないもの（否定できないもの）は素晴らしい、ということです。

嘘や偽りがないものに対しては疑いを持つ必要がありません。山、川、海、空、星、木々、空気などの自然には嘘や偽りはありません。私たちが生まれ、成長し、年を取り、病気になって死んでいくという命の流れにもまた嘘や偽りはありません。

ここから、嘘や偽りのない人生を、嘘や偽りのない自然に囲まれて生きているのだから、些細なことやつまらないことを気にしなくていいという教えに展開します。

嘘、偽りがないものは存在だけではありません。さまざまな縁が集まって結果になるという縁起の法則、縁が次々に入れ代わるために同じ状態を保てない諸行無常の法則、同じ状態を保てないので「これはこういうもの」という不変の実体はないという空の法則にも、嘘や偽りはありません。そして、これらの法則には何者も逆らえません。いっそ、それを楽しむ方法を探したほうが、ずっと楽に生きていけます。

76

「年相応」に生きるのが基本

若さと幼稚さは違います

年齢を重ねることで、わかることもある

小中学校では、学年によって習得すべき課題があります。同じように、人生にもそれぞれの年代でクリアしたほうがいいことがあります。

残念ながら、クリアすべき課題はその年代を通過してみないとわかりません。そこで、渦中の世代は『〇十代でしておきたいこと』という本を読んで参考にします。この種の本に書いてあることは、年相応に生きている先輩を見ればわかりそうですが、近くに手本になる人がいない場合は有効かもしれません。

人生経験を経て学ぶことは多くあります。成功や失敗を数多く体験し、見聞きしているので他人の失敗にも「それって、ついやってしまうんだよね」と寛容になっていきます。直面する課題には、放っておく、撤退するなどの対処法があるのも知っているので、「あまり自分を責めなくてもいい。必要なときに人が責めてくれるから」と、どっしりしていられるようになります。

あなたは、年相応な生き方をしていますか。「幼稚と若さを勘違いしている」「動くより理屈が多くなるのを老いぼれって言うんだ」と笑われないよう気をつけましょう。

77

「若々しくいる」のはとても大事

〝心〟まで老けさせていませんか

「感動」が元気のもと

人は年相応に生きたいものですが、老いを感じたからといって、年寄り染みた言動をするには及びません。

若い僧侶に法話のデモンストレーションをしてもらうと、二十代、三十代なのに七十歳過ぎの老僧のような低く落ち着いたトーンで話す人がいます。ある僧侶は、物事がわかっているようなしゃべり方をしたほうがいいと思っているようでした。私は「そんなこと、誰も決めてないよ。あなたはその若さがいいんだ。その若さを発揮しないで、老僧の真似をするなんてもったいないよ」とアドバイスしました。

年を取ると総じて声が低くなります。多くの人は声帯が衰えたのが原因だと思っていますが、違います。感動する心がなくなっているのです。その証拠に、お年寄りでもきれいな虹を見れば、高い声で「わっ、きれいな虹だ」と言います。ビックリするようなことに遭遇すると「へぇ、こんなことが起こるのか！」と張りのある声が出るのです。この条件反射を逆手に取って、高い声で話すと心に張りが戻ります。

老いを感じたら、体も心も若さと元気を保ちたいと、少し意識したいものですね。

78

「無常」がわかると、無理をしなくなる

「どうにかなる」という生き方

心配の〝先取り〟をやめよう

人生は変化の連続です。常ではない〝無常の現場〟と言ってもいいでしょう。変化してしまう状況に自分が対応できるかどうか不安な人は、「〜だったらどうしよう」と多くのことが心配になります。今までの人生で経験したことがないような、伴侶が死んでしまったら、自分が不治の病にかかったら、自己破産してしまったらなどの状況にも考えが及んでしまうかもしれません。

心配性の人は、心配の種をたくさん持っています。そのうち一つでも現実になれば、他の心配ごとも起こるのではないかとますます心配になります。

しかし、考えてみれば、心配ごとのほとんどは実際には起こりませんし、たとえ現実になることがあっても、たいていの場合どうにか対応できているはずです。

この先もどんな変化が起ころうと、どうにかなります。死は避けられませんが、親しい人との別れに遺族はどうにか折り合いをつけて暮らしていきます。

どうにかなるとわかれば、先を見越した過度の心配はしなくてすみます。否(いや)でも応でも変化してしまう状況と、それに対応する自分を楽しみにできるようにもなります。

79

いちいちクヨクヨしない

〝一面〟だけで判断すべからず

「老い」には、嘘も偽りもありません

気力、体力、記憶力が衰えるのが老いの一つの側面です。それだけを考えればクヨクヨしたくなります。しかし、物事は異なった三つくらいの見方をしないと真実のあり方は見えません。これが「三人寄れば文殊(もんじゅ)の知恵」と言われる理由です。

年を取ることでレベルアップすることもあります。三十代で自分の悪い噂が耳に入れば、酒の力を借りて憂さ晴らしをするか、悶々(もんもん)として眠れぬ夜を過ごし朝を迎えることもあるでしょう。

しかし、年を取ると、悪い噂が風の便りで聞こえてきても「あの人は人の悪口を言うと自分が偉くなったと、いまだに勘違いしているんだ。かわいそうな人だよ」とサラリと受け流すこともできます。「あの人は、悪口が服を着て歩いているようなものさ」と軽くスルーできるようにもなります。これは年を取ったメリットです。

そして、年を取ることに嘘や偽りはありません。老いは生き物の真実のあり方です。

このように三側面から「老い」を見ないと、その正体は見えてきません。劣った部分だけでなく、別の部分にもスポットライトを当てれば、クヨクヨせずにすみます。

80

「一病息災」の心がまえで

自分の体とよく「相談」しておく

健康でいる間に、この意識を

作家の吉行淳之介さんは、人工水晶体移植手術の体験記『人工水晶体』（講談社）のあとがきで、「『一病息災』という言葉があるが、あれは健康な人間が病人を慰めるための言い方に過ぎないと私は思っている」と述べています。

持病の一つくらいある人のほうが健康に気を配るので、健康に自信のある人よりもかえって長生きをするものだという「一病息災」。一つでも持病を持っている人がこの言葉を健康な人から言われれば「好き勝手なことを……」と呆れたくもなるでしょう。

しかし、自分で人生の折り返しを過ぎたと思うころ、体のあちらこちらが不調をきたします。疲れやすくなった、傷がなかなか治らないと思うのは、体が自分に相談をしているようなものです。体と相談したあとは周囲の人に相談し、次に医者に相談して、最終的な決断は自分がするしかありません。

定期的な投薬や治療が必要になり、そのための時間のやりくりや精神的なストレスに苛（さいな）まれることになるかもしれません。そのときに健康な人から慰めの言葉として「一病息災」を聞く前に、健康でいる間に自分に言い聞かせておくといいでしょう。

81

堂々と、年を取ろう

老いを笑い飛ばせる人は生き方上手

老いとは「成長の一つ」である

年齢に関係なく、生き方上手のコツは「〝初めて〟という心の張りを持つ」ことでしょう。

今年、あなたは生まれて初めての年齢を生きています。今までやったことがあっても、幾度も行った場所でも、今の年齢でやったり、行ったりするのは初めてです。以前から時間がたって、多くのことを経験しているので、対処の仕方や感じ方もレベルアップしているはずです。以前と全く同じ、ということはありえません。

〝初めて〟の新鮮さを楽しみにする心の張りがないと、「どうせ」や「つまらない」が口癖になります。そうなれば、泥水をたっぷり吸ったスポンジのようなもので、どんなきれいな水に浸しても、吸い込む能力はありません。

老いには気力、体力、記憶力が劣化する側面がありますが、その劣化を凌（しの）いで余りある知恵を蓄えられるのも老いの側面です。

何より老いは、赤ちゃんのころからの成長の一つの過程であり、そこには嘘や偽りがありません。安心して、堂々と年を取りましょう。

82

「今日一日を楽しく過ごす」ことに集中する

日々に彩りを加えるちょっとしたコツ

「感性のアンテナ」を張りましょう

子どものときに時間が早く過ぎると感じるのは、感激することが多いからだそうです。年を取ると、多くのことを「まあ、そんなものだ」と思うのが関の山で、一日をだらだらと過ごすことになります。

刺激の少ない、変化のない日々が始まるのは三十代くらいからでしょうか。実際、三十代から四十代向けの本をのぞいてみても、同じような毎日に辟易(へきえき)している人向けの項目がよく入っていることがわかります。

ただ、感性のアンテナを張ってさえおけば、年齢にかかわらず、刺激に満ちた毎日を過ごすことができるようになります。食事の食材の来し方を想像する、街路樹の葉を手で触る、使ったことがない言葉を聞いたり見たりしたときにメモを取るなど、些細な日常にある楽しい出来事に気がつけるようになるのです。

とりあえず、その日の夜に、その日にあった楽しかったことを走り書きしたり、人に話したりしてください。一週間つづけると、思い返すのではなく出合った瞬間に「おっ！」と思えるようになります。その日一日を、楽しく過ごせるようになるのです。

83

「長生き」が目標の人生はむなしい

どうせなら「後の世」の人のために

「去る」ことを待たれる人、惜しまれる人

母が五十七歳でこの世を去ってから数週間後に、遺された父が色紙に書いた言葉があります。「去ることを待たれて去る人は、去ることを惜しまれて去る人より、ずうっと幸せなのです」

去ることを待たれている人は「まだ死なないの？」と思われてしまうほど長生きをする人。去ることを惜しまれて去る人は若くして亡くなる人、または人気絶頂で引退したり、亡くなったりする人と考えてもいいでしょう。

「惜しまれて去るうちが花」とおっしゃる人がいますが、孫たちの成長を見られずに逝った母よりも、父は生き長らえ年を取って孫と遊べる自分のほうが幸せだという感慨を述べたのです。

たしかに、長生きできるのは幸せなことです。しかし、長生きするだけが目標になってはむなしいでしょう。若い人にアドバイスしたり、老いても楽しく生きる姿を見せたり、チンギス・ハーンが言ったように「あとから来る者のために泉を清く保つ」など、長生きするからできることも付け加えたいものです。

84

人はいつか「独り」になる

それでも、物語の「結末」は自分で選べる

「良い人生だった」と思えるために

八十歳を超えた男性に次のように言われたことがあります。

「生まれたとき、私は独りで生まれ、学校で勉強し、仕事で全国を回り、結婚して子どもを育て、その子どもが伴侶を見つけて孫が生まれ、仕事を退職し、妻が先に逝ってしまいました。この先、私はまた独りになり、寂しくこの世とお別れするんです」

私は励ますつもりで「『あなたが生まれたときあなたは泣き、周囲は笑顔になった。あなたが死ぬときあなたが笑顔で、周囲が泣く人生でありますように』という言葉がありますよ」と言いました。残念ながら、彼は人の話を聞くことに慣れていないのか、私の言葉には無反応で、すぐに別の話題に移りました。

アメリカの人類学者メアリー・キャサリン・ベイトソンの言葉に「死というのは物語の終わりと同じ。タイミングによってそれ以前の出来事の意味が変わる」があります。このままだと彼の人生という物語は「寂しさ」で終わりを迎えそうです。

私は、「良い、充実した人生だった」と笑顔であの世に旅立つ自信があります。あなたは、自分の人生の物語をどんな結末にしてあの世に旅立ちますか。

85

孤独と共に生きる準備をしましょう

愉快とばかり言っていられない

「孤独」だからこそ、気づけることがある

「面白いことがあっても人に語るわけにもいかず、悲しいことがあっても人にこれを訴えることもできぬ。さて一人というものは心細いものじゃのう」

これは、講談の台本を読んだときに見つけたセリフ。独身の若い友人に芝居がかった口調で言うと、みんな決まって泣き真似をする愉快な言葉です。

しかし、愉快とばかり言っていられません。老齢になると活動範囲は狭くなり、交際範囲も狭くなります。やがては独りになるでしょう。俗に言う「(自分の)影と共に暮らす」ようになるのです。介護施設に入り共同生活をするようになれば、孤立は避けられますが、孤独になる時間はあります。孤独な時間は、実はとても大切です。

仏教では、喧騒(けんそう)を離れ、孤独になる場所と時間を作り、自分の心を掘り下げるように勧めます。孤独だからこそ、「今日一日、多くの人の世話になった。ありがたい」「私は今、人生の最前線を歩いているのだ」と気づいたりできるのです。

老いを感じ始めたら、孤立しないようにしながら、影と共に生きる準備を早めにして、面白いことを語り、悲しいことを訴えられる友人を持っておきたいものです。

86

「認められたい」と、もがくのをやめる

それより、自分の〝内面〟を掘り下げよう

あなたは〝どんな人〟になりたいのか

私たちの社会は、多くの人が集まってできています。その中に、社会（周囲の人）に認められたい、注目を集めたいとがんばる人がいます（自分ががんばっているだけで、他人への敬意を忘れている人もいますが、ここではふれません）。

周囲から認められれば生き甲斐につながるかもしれません。注目を集めればそれに比例して周囲への影響力も増し、自己実現している手応えも感じられるでしょう。

ただ、そのように社会に認められるには、大きな努力が必要です。だからといって、努力したから成果が出るわけではありませんし、成果を出せば社会が認めてくれるわけでもありません。「努力しても成功するとは限らない。だが、成功するには努力は欠かせない」と言われるのはもっともなことだと思います。

お釈迦さまは、悟りを開いてから各地に出向いて、人びとに教えを説きました。自分の内面を掘り下げれば、社会から認められなくても、力強く、ぶれずに生きていけるのです。社会に認められたいともがいているなら、同時に、「認められた上でどんな人になりたいのか」という自己の内面を見つめる作業も行いたいものです。

87

子供に頼らない人生をプログラムする

老後の「自立」について

迷惑なんて、お互いさまです

子供には迷惑をかけたくないと、元気なうちに自分の老後に備えた段取りをする親がいます。その気持ちはわかりますが、「迷惑かどうかは相手が決めること」という事実は忘れたくないものです。こちらは迷惑でないだろうと思っても相手にとって迷惑なこともあります。逆に、迷惑だろうと思っても「迷惑なんてとんでもない。嬉しいくらいですよ」とちっとも気にしない人もいます。

私は「子供に迷惑をかけるのを恐れないほうがいいですよ。子育て中に、さんざん子供に迷惑をかけられたでしょ。迷惑はお互いさまですよ」と迷惑のもう一つの事実である「お互いさま」についてお伝えすることがあります。

親の面倒を見るのを迷惑と思う子供なら、自分の育て方が悪かったと我が身を責めて諦めるしかないでしょう。

とにかく、言われてみれば当たり前の「迷惑かどうかは相手が決める」「迷惑はお互いさま」の二つの事実を、しっかり腹に落とし込んでおくこと。その上で、ぎりぎりまで自立した人生を送れるプログラムを立てたいものです。

88

食事、お金、運動……もう「ほどほど」で十分

自分が「満足」できることが大事

コロナ禍で得た教訓

新型コロナウイルスの感染防止策として、多くの人がステイ・ホームを強いられました。しかし、「わざわいも三年たてば用に立つ」のことわざの通り、自宅で料理作りを楽しんで料理の腕を上げた人は、私を含めて膨大な数にのぼるでしょう。専門家が作る料理には及びませんが、自作の料理（それはとりもなおさず、自分が食べたい料理です）を適量食べれば十分満足できると知ったのは、ステイ・ホームのおかげでした。

コロナ禍で知った言葉の一つに、ソクラテスが言ったとされる「金持ちがどんなにその富を自慢しているとしても、彼がその富をどんなふうに使うかがわかるまで、彼をほめてはいけない」がありました。コロナ禍で収入の格差が開き、お金がある人をうらやましがっている人にお伝えして、溜飲（りゅういん）を下げてもらった言葉の一つです。

コロナ禍の出来事をもう一つ。妻が女性専用フィットネスに通い始めました。平成の「男は死にたくないから痩せる。女は死んでもいいから痩せる」というジョークを思い出してニッコリしました。

食事もお金も運動も、ほどほどで十分――コロナ禍で私が得た愉快な教訓です。

89

お墓は、どうする？

とにかく、遺される人に相談を

死んでも人は、無にはならない

お墓は〝終の住処〟と言われます。生きているよりも長い時間を過ごす場所です。私は檀信徒の人に「お墓は命の落ち着きどころ」とお伝えしています。

ときどき、「人は死んだら終わり。無になる」とムキになっておっしゃる方に会うことがあります。私が「では、親のお墓参りなんかしたことないでしょ」と言うと、これまたムキになって「親の墓参りくらいしていますよ」と威張ります。「終わりになって、無になった死んだ人のお墓の前で手を合わせて、いったい何を祈っているのですか」と返すと、黙ってしまいます。体や仕事など、死んで無くなってしまうものもありますが、影響力などのように遺るものもあり、残念ながら無にはならないのです。

日本仏教の祖師たちの多くが「私が死んでもお墓はいらない」と言っています。それは、どんな場所でもお墓なのだと確信していたからです。しかし、そのお坊さんたちのお墓は現存しています。弟子たちが師を偲び、敬い、自分のしていることを報告する場所が必要だと考えたからです。実際に大勢の方が、今もお参りしています。

「私の墓は不要」などと独り息巻かずに、遺される人に相談したほうがいいですよ。

90

「そのときが来るまで放っておこう」と考える

「覚悟」を決めると、心が落ち着く

例外はたったの〝三つ〟しかない

どうしようと迷って行動できない人に、私は仏教の不動明王が象徴している教えから、「決めないと動けませんよ」と背中を押したり、「動けないのは、決めていないからですよ」と動けない理由を説明して、自己分析の糧にしてもらったりしています。「決めないと動けない」と「動けないのは決めていないから」は、とてもシンプルな私たちの行動原理で、表裏の関係にあります。

さらに「『今は決められないのだから、決められるまで待とう』と決めるのも、一つの方法ですよ」とお伝えすることがあります。「今は決めない」と決め、覚悟することで心は安定します。

昭和の時代、社会学の分析から引っ越し、相続、争議（裁判）の三つを放っておくと、心はおだやかになれない（死ぬに死ねない）と言われていました。時代が変わって項目が増えることはあっても、やはりこの三つは早めに解決したほうがいいでしょう。

この三つ以外なら、「そのときが来るまで放っておこう」と決めてしまっても、大した問題ではありません。

91

「死んでからの心配」をしすぎない

まずは、やることをやってから

正しい死後の心配とは

自分が死んであの世へ行ったあと、自分が不在になってもつづくこの世のことを心配する人がいます。

自分が家族を経済的に支えている、あるいは、何かの会や組織の重要な立場にいる場合は、自分がいなくなれば遺された人は困るだろうと心配します。心配するくらいなら、生前贈与や退任など、死ぬ前にやることをやっておけばいいと思いますが、つまらないプライドが邪魔をしてなかなか身をひけません。

一人暮らしの人は、自分が死んだら誰が見つけて、誰が葬式をして、誰が家の整理をしてくれるのだろうと心配になるかもしれません。自治体はそのような心配をする人への窓口を持っていますから、生きているうちに相談すればいいでしょう。やることをやってから心配すればいいのです。

「私が死んだら、あとは野となれ山となれ。死んだら終わりだ」と身勝手なことを思うなら、後々まで「俗物図鑑があったら表紙にしたい人だった」「あの人を漢字一字で表わすとしたら〝恥〟だな」と語り種になるのを覚悟したほうがいいでしょう。

92

死ぬときは死ぬのがいい

恐れず、受け入れる

あなたは死ぬまで生きている

「災難にあう時節には、災難にあうがよく候。死ぬる時節には、死ぬがよく候。是はこれ、災難をのがるる妙法にて候」は、良寛さんが七十一歳のとき、大きな地震の被害を受けた地域に住んでいた友人に送った手紙の一文です。

私流に意訳すると――災難にあったら、「そんなバカな。こんなひどい目になぜ私があわなければならないのだ」と事実を否定したり、憤慨したりして心を乱してはいけません。災難にみまわれたことをまず受け入れて、これからどうするか、自分でできることを考えなさい。

死期が近づいてきたら死にたくないと騒いだり、死んだらどうなるのだろうなどと死後のことは考えず、生きている間にやるべきことをやりなさい。あなたは死ぬまで生きているのですから。

こうすることで、嫌がっている災難が嫌がる対象ではなくなります。毛嫌いしている死も恐れるものではないとわかるのです――「災難にあうときはあうし、死ぬときは死ぬ」という事実から一歩踏み込んだ、力強く生きていくための名言だと思います。

達観（たっかん）するヒント

著　者――名取芳彦（なとり・ほうげん）

発行者――押鐘太陽

発行所――株式会社三笠書房

〒102-0072 東京都千代田区飯田橋3-3-1
電話：(03)5226-5734（営業部）
　　：(03)5226-5731（編集部）
https://www.mikasashobo.co.jp

印　刷――誠宏印刷

製　本――若林製本工場

ISBN978-4-8379-2975-8 C0030

三笠書房

心配事の9割は起こらない

減らす、手放す、忘れる「禅の教え」

枡野俊明

心配事の〝先取り〟をせず、「いま」「ここ」だけに集中する

余計な悩みを抱えないように、他人の価値観に振り回されないように、無駄なものをそぎ落として、限りなくシンプルに生きる——それが、私がこの本で言いたいことです（著者）。禅僧にして、大学教授、庭園デザイナーとしても活躍する著者がやさしく語りかける「人生のコツ」。

気にしない練習

名取芳彦

「仏教は、いい人になれなんて言っていません」—— 著者

ムダな悩みや心配を捨てて、もっと〝ドライ〟に生きる。そんな「気にしない人」になるには、ちょっとした練習が必要です。仏教的な視点から、うつうつ、イライラ、クヨクヨを〝放念〟し、毎日を晴れやかにすごすための心のトレーニング法を紹介します。

できる人は必ず持っている

一流の気くばり力

安田 正

「ちょっとしたこと」が、「圧倒的な差」になっていく！

気くばりは、相手にも自分にも「大きなメリット」を生み出す！　◆求められている「一歩先」を　◆お礼こそ「即・送信」　◆話した内容を次に活かす　◆言いにくいことの上手な伝え方　◆「ねぎらいの気持ち」を定期的に示す　……気の利く人は、必ず仕事のできる人！

T30396